Gert Jugert, Anke Rehder, Peter Notz, Franz Petermann
Soziale Kompetenz für Jugendliche

Pädagogisches Training

Gert Jugert, Anke Rehder, Peter Notz, Franz Petermann

Soziale Kompetenz für Jugendliche

Grundlagen, Training und Fortbildung

Juventa Verlag Weinheim und München 2001

Die AutorInnen

Gert Jugert, Jg. 1940, Dr. phil., ist Mitarbeiter am Landesinstitut für Schule der Freien Hansestadt Bremen.
Seine Arbeitsschwerpunkte sind soziales Lernen, Prävention von Verhaltensstörungen und Gewalt in der Schule sowie Pädagogische Supervision.

Anke Rehder, Jg. 1959, Dipl.-Psych., ist Mitarbeiterin der Hans-Wendt-Stiftung, Bremen, und Leiterin des Bremer Institut für Pädagogik und Psychologie BIPP, Bremen.
Ihre Arbeitsschwerpunkte sind Verhaltensstörungen bei Kindern und Jugendlichen; Konfliktforschung.

Peter Notz, Jg. 1960, Dipl.-Psych., ist selbständiger Psychologe mit dem Schwerpunkt Evaluation.

Franz Petermann, Jg. 1953, Dr. phil., ist Professor für Klinische Psychologie und Direktor des Zentrums für Rehabilitationsforschung der Universität Bremen.
Sein Arbeitsschwerpunkt bezieht sich vor allem auf das Themengebiet Verhaltensstörungen bei Kindern und Jugendlichen.

Die Deutsche Bibliothek - CIP-Einheitsaufnahme

Ein Titeldatensatz für diese Publikation ist bei
Der Deutschen Bibliothek erhältlich.

© 2001 Juventa Verlag Weinheim und München
Umschlaggestaltung: Atelier Warminski, 63654 Büdingen
Umschlagabbildung und Cartoons: Holger Fischer, Aurich
Printed in Germany

ISBN 3-7799-0371-7

Vorwort

Die Lage der Jugendlichen wird von mehreren gesellschaftlichen Faktoren beeinflusst. Dazu gehören die Veränderung des Arbeitsmarktes ebenso wie die der Schule und der Familie. Der Auflösung gesellschaftlicher Bindungen steht die Herausbildung neuer Muster von Erwerbsarbeit und Freizeit gegenüber. Die Jugendforschung beschreibt die sich daraus ergebenden Probleme vieler Jugendlicher, die langfristig durch gesellschaftspolitische Reformen gelöst werden sollten.

Zu den Problemen eines Teils der Jugendlichen von heute gehört es, die individuelle Entwicklungsaufgabe „soziale Kompetenz" nicht befriedigend zu bewältigen. Dies hat weitreichende Konsequenzen für ihr persönliches und berufliches und damit auch gesellschaftliches Leben. Sie scheitern am Schulabschluss, bei der Lehrstellensuche oder innerhalb der Berufsausbildung. Sie haben Schwierigkeiten mit dem Aufbau von PartnerInnenbeziehungen und mit Rollen, die unsere Gesellschaft für ihre Mitglieder bereit hält und ihnen abverlangt.

Auf dem Hintergrund dieser Entwicklungsprobleme vieler Jugendlicher entstand das vorliegende Buch. Sein zentrales Ziel ist die aktuelle und *präventive Förderung* von sozialen und berufsbezogenen Fähigkeiten und Fertigkeiten benachteiligter Jugendlicher.

Ziele, Zielgruppe, PartnerInnen und Struktur des Projekts, das dem Buch zugrunde liegt, haben dazu geführt, dass wir uns mit

- sozialer Kompetenz, ihrer Grundlagen und Förderungsmöglichkeiten für Jugendliche,
- der Entwicklung und Erprobung von Modulen eines Kompetenztrainings und
- der Fortbildung zu dem Training sozialer Kompetenz

gründlich theoretisch und praktisch beschäftigt haben. Das Ergebnis legen wir in diesem Buch vor. Wir haben uns von dem Ziel leiten lassen, allen Interessierten eine theoretische Orientierung zur Verfügung zu stellen, die zusammen mit dem Manual *Jugert, G., Rehder, A., Notz, P. und Petermann, F. (2001). FIT FOR LIFE. Module und Arbeitsblätter zum Training sozialer Kompetenz für Jugendliche. Weinheim: Juventa* dazu dienen kann, Jugendlichen effektive Hilfe anzubieten.

Das vorliegende Buch und das Manual wurden ermöglicht durch ein Projekt der Universität Bremen, das vom Sozialfonds der Europäischen Union (Gemeinschaftsinitiative Beschäftigung: Youthstart) und von der Bundesanstalt für Arbeit unterstützt und mit Einrichtungen der Berufsbildung als PartnerInnen realisiert wurde.

An dem Zustandekommen eines Buches sind nicht nur die VerfasserInnen alleine beteiligt. Es sind viele Personen in Einrichtungen der Berufsbildung, in Schulen, in der Universität und auf Fachtagungen, denen wir wertvolle Anregungen, Hinweise, Ermunterung und Rückmeldung verdanken. Wir sprechen an dieser Stelle zusätzlich folgenden Personen unseren Dank aus:

Frau Dipl.-Psych. Hedwig Abankwa für das kritische Lesen und Korrigieren des Manuskripts und Herrn Lothar Schweim vom Verlag Juventa für seine Geduld beim Warten auf das Manuskript.

Wir wünschen den LeserInnen des Buches viele hilfreiche Anregungen und Orientierungen für die Arbeit mit Jugendlichen.

Gert Jugert
Anke Rehder
Peter Notz
Franz Petermann   Bremen, im März 2001

Inhalt

1. Soziale Kompetenz: Grundlagen und Förderung

1.1 Definition von sozialer Kompetenz

Eine viel beachtete Definition der sozialen Kompetenz stammt von Döpfner, Rey & Schlüter (1981, S. 234); nach dieser Definition versteht man unter sozialer Kompetenz die Verfügbarkeit und Anwendung

- kognitiver,
- emotionaler und
- motorischer Fertigkeiten,

die in bestimmten sozialen Situationen zu einem langfristig günstigen Verhältnis von positiven und negativen Konsequenzen führen. Durch den Einsatz „in bestimmten Situationen" entsteht die Anforderung, für ausgewählte Bereiche (z.b. Schule, Elternhaus, Freundeskreis außerhalb der Familie), ein Bündel von notwendigen Fertigkeiten zu formulieren. Die Fertigkeiten, zum Beispiel Durchsetzungsvermögen, Selbstsicherheit, Kontakt- und Kooperationsfähigkeit, dienen in der Entwicklung des Kindes und Jugendlichen dazu, den Betroffenen einen akzeptablen Kompromiss zwischen sozialer Anpassung und persönlichen Bedürfnissen zu ermöglichen. Im Wesentlichen stammt diese Sichtweise aus den siebziger Jahren und wurde von Persönlichkeitspsychologen, wie Mischel (1971), und VerhaltenstherapeutInnen[1] (z.B. Hersen, Eisler & Miller, 1973) vertreten.

Bei der sozialen Kompetenz handelt es sich um ein psychologisches Konzept, das seit gut 30 Jahren diskutiert wird. Hauptsächlich dient der Begriff dazu, entweder Entwicklungsziele im Kindes- und Jugendalter zu beschreiben oder Trainings- beziehungsweise Therapieziele in der Verhaltenstherapie zu spezifizieren. Hierbei bildet soziale Kompetenz kein einheitliches oder eindimensionales Konzept, sondern ein komplexes Gebilde, das durch Begriffe wie „Selbstsicherheit", „Durchsetzungsvermögen" oder „Kontaktfähigkeit" nur teilweise definiert werden kann. Hinzu kommt, dass die Verhaltensweisen, die soziale Kompetenz ausmachen, altersabhängig sind, das heißt im Entwicklungsverlauf an Komplexität zunehmen (vgl. Schneider, Attili, Nadel & Weissberg, 1989).

---

1 In unserem Text wird zur Berücksichtigung der geschlechterübergreifenden Form das große I verwendet, so wird z.B. anstatt der an sich korrekten Formulierung „Therapeutinnen und Therapeuten" von den TherapeutInnen gesprochen.

Eine einfache Form, soziale Kompetenz zu präzisieren, ergibt sich aus der Orientierung am Entwicklungsverlauf und den daraus resultierenden Entwicklungsaufgaben. Kinder und Jugendliche - so das Konzept von Havighurst (1982) - übernehmen durch die Auseinandersetzung mit den unterschiedlichsten Anforderungen neue Aufgaben und Rollen. Für die uns hier vor allem interessierende Gruppe der 12- bis 18-Jährigen definiert Havighurst acht *Entwicklungsaufgaben*:

- Neue und reifere Beziehungen zu AltersgenossInnen beiderlei Geschlechts aufbauen.
- Übernahme der männlichen und weiblichen Geschlechtsrolle.
- Akzeptieren der eigenen körperlichen Erscheinung und effektive Nutzung des Körpers.
- Emotionale Unabhängigkeit von den Eltern und anderen Erwachsenen.
- Vorbereitung auf Ehe und Familienleben.
- Vorbereitung auf eine berufliche Karriere.
- Werte und ein ethisches System erlangen, das als Leitfaden für das Verhalten dient.
- Sozial verantwortliches Verhalten erstreben und erreichen.

Soziale Kompetenz umfasst eine Vielzahl von Fähigkeiten, Sozialverhalten - in Abhängigkeit von Kontextbedingungen - differenziert zu äußern. Am deutlichsten springt das Fehlen von sozialer Kompetenz ins Auge; Personen mit sozial inkompetentem Verhalten sind vermeidend-unsicher (Petermann, Essau & Petermann, 2000) oder zudringlich-aggressiv (vgl. Scheithauer & Petermann, 2000), um die beiden Verhaltensextreme zu benennen. In der Regel bezeichnet der Begriff „soziale Inkompetenz" bei Kindern und Jugendlichen das Vorliegen von emotionalen oder Verhaltensstörungen. Ob es sich bei sozial kompetentem Verhalten um eine Fertigkeit handelt (vgl. Kapitel 1.2), die situationsabhängig auftritt, oder um eine Fähigkeit, die auf einer genetischen Basis beruht, kann zurzeit nicht endgültig geklärt werden (Merrell & Gimpel, 1998). Vieles spricht jedoch dafür, sozial kompetentes Verhalten als situationsspezifisches und gut trainierbares Merkmal aufzufassen. Soziale Kompetenz beeinflusst den Schulerfolg und fördert die berufliche Karriere. Sozial kompetente PartnerInnen sind nicht nur sozial akzeptierter, sondern weisen vielfältige Schutzfaktoren auf, die vor psychosozialen Krisen oder psychischen Krankheiten schützen (vgl. Niebank & Petermann, 2000). In dieser Hinsicht kann man in Anlehnung an Bloomquist (1996) soziale Kompetenz als Fähigkeit definieren, umweltbezogene und persönliche Ressourcen gezielt so einzusetzen, dass eine optimale Entwicklung möglich wird.

Nachdem die Funktionen der sozialen Kompetenz, bezogen auf die schulische und berufliche Laufbahn, die Entwicklung eines sozialen Netzes beziehungsweise die Herausbildung psychischer Störungen, thematisiert wurden, sollen die Definitionsmerkmale sozialer Kompetenz weiter spezifiziert werden. Soziale Kompetenz beziehungsweise soziale Inkompetenz beinhalten zweifellos eine

Bewertung des Verhaltens (vgl. McFall & Dodge, 1982). Diese resultiert aus der Sichtweise, ob eine gestellte (soziale) Aufgabe, zum Beispiel mit anderen in Kontakt zu kommen, gelöst wird oder nicht. Je nachdem wie es gelingt, die Aufgabe zu bewältigen, spricht man von einem sozial kompetenten oder inkompetenten Verhalten. Ob nun ein Verhalten als kompetent oder inkompetent bewertet wird, hängt von Normen (Rollenerwartungen) ab, die je nach Alter, Geschlecht, Beruf und Status sehr verschieden sein können.

Es wurde bereits erwähnt, dass soziale Kompetenz auch unter dem Entwicklungsaspekt gesehen werden kann (vgl. Schneider et al., 1989). Meistens analysieren EntwicklungspsychologInnen Teilaspekte der sozialen Kompetenz; so gibt zum Beispiel Asendorpf (1998) an, wie sich Schüchternheit im Vor- und Grundschulalter entwickelt. Für solche Teilbereiche kann man sehr genau angeben, worin entwicklungsfördernde und -hemmende Bedingungen bestehen. So führen Entwicklungspsychologen wie Eisenberg und Harris (1984) an, dass *soziale Kompetenz als Katalog von Entwicklungszielen* definiert werden kann, *der mindestens die folgenden fünf Aspekte umfasst:*

- Fähigkeit zur Perspektivenübernahme,
- Erkennen des Stellenwertes von Freundschaften,
- Problemlösestrategien für soziale Interaktionen,
- Entwicklung von moralischen Wertvorstellungen und
- kommunikative Fertigkeiten.

Eine Reihe dieser Aspekte wurde bereits im Konzept der Entwicklungsaufgaben von Havighurst (s.o.) aufgegriffen.

Die Klinische Kinderpsychologie interessiert sich - in Ergänzung der Sichtweise der EntwicklungspsychologInnen - vor allem dafür, *ob sozial kompetentes Verhalten überhaupt gezeigt werden kann.* Ob dies gelingt, *hängt von mindestens drei Aspekten ab* (vgl. Petermann, 2000):

- Einer klar definierten Aufgabe, die im sozialen Kontext zu bewältigen ist;
- den verfügbaren Fertigkeiten, die zur erfolgreichen Bewältigung nötig sind; und
- der Bewertung des aufgabenbezogenen Verhaltens in der konkreten sozialen Situation.

Bei diesem Definitionsversuch muss vor allem der Begriff „verfügbare Fertigkeiten" spezifiziert werden. Hierunter werden konkrete soziale Fertigkeiten verstanden, die in einem Verhaltenstraining geübt werden können. Die Verfügbarkeit solcher Fertigkeiten allein macht jedoch noch keine soziale Kompetenz aus, wie die einleitende Definition von Döpfner et al. (1981) betont. Entscheidend ist vielmehr, dass und wie die Fertigkeiten angewandt werden. Sozial kompetent verhält sich, wer die verfügbaren Fertigkeiten flexibel, aufgaben- und situationsangemessen einzusetzen versteht.

Der Begriff „soziale Kompetenz" enthält auch einen bewertenden Aspekt, das heißt Jugendliche sollen verdeutlichen, wie angemessen sie einen Sozialkontakt gestalten können (Knapczyk & Rodes, 1996). Die Klinische Psychologie beschäftigt sich kaum mit diesem Aspekt; so darf es in der klinischen Praxis auch nicht überraschen, dass die Begriffe „soziale Kompetenz" und „soziale Fertigkeiten" weitgehend synonym verwendet werden (vgl. Merrell & Gimpel, 1998). Ein sachgemäßer Wortgebrauch wäre es jedoch, den Begriff „soziale Kompetenz" als Oberbegriff für soziale Fertigkeiten zu verwenden (vgl. auch Bauer, 1999).

1.2 Zur Unterscheidung von sozialer Kompetenz und sozialen Fertigkeiten

Am einfachsten gelingt es, die beiden Begriffe auseinander zu halten, indem man sich die Formen sozialer Fertigkeiten vor Augen führt. In einer neueren Übersicht gibt Gambrill (1995) für Kinder und Jugendliche die in Kasten 1 aufgeführten soziale Fertigkeiten an.

Kasten 1: Wichtige soziale Fertigkeiten im Kindes- und Jugendalter

- Versuchungen zurückweisen,
- auf Kritik reagieren,
- Änderungen bei störendem Verhalten verlangen,
- Unterbrechungen im Gespräch unterbinden,
- Schwächen eingestehen,
- erwünschte Kontakte arrangieren,
- unerwünschte Kontakte beenden,
- Komplimente machen,
- Komplimente akzeptieren,
- auf Kontaktangebote reagieren,
- Gespräche beginnen,
- Gespräche aufrechterhalten,
- Gespräche beenden,
- jemanden um einen Gefallen bitten,
- Widerspruch äußern,
- sich entschuldigen,
- Nein-Sagen und
- Gefühle offen zeigen.

Die Liste solcher Fertigkeiten lässt sich noch erheblich verlängern. So wird ein Fertigkeitstraining diese Feinziele zunächst einmal ordnen müssen, wie dies in den siebziger und achtziger Jahren die Arbeitsgruppe um Goldstein vorbildlich durchführte (s. Petermann & Petermann, 2000a, S. 28f.).

Die Arbeitsgruppe von Goldstein legte eine Vielzahl von Trainingsprogrammen vor. Die Aktuellsten beziehen sich auf

- den Abbau aggressiven Verhaltens (vgl. Goldstein, Glick, Irwin, Rubama & Pask, 1989) und
- die Drogenprophylaxe im Jugendalter (Goldstein, Reagles & Amann, 1992).

Es handelt sich um wissenschaftlich sehr gut fundierte und wirksame Kompetenztrainings für Jugendliche, die in den USA eine weite Verbreitung gefunden haben.

Kasten 2 verdeutlicht, wie stark soziale Fertigkeiten untergliedert werden können. Eine solche Feingliederung erleichtert den Erwerb neuer Fertigkeiten, macht jedoch den Aufbau einer umfassenden sozialen Kompetenz zu einem langwierigen Prozess. Dies umgeht man, indem man eine Lernzielhierarchie vorgibt, die mit den einfachsten Fertigkeiten beginnt und schrittweise zu komplexeren übergeht. Generell gilt jedoch, dass die zu vermittelnden sozialen Fertigkeiten nach den Bedürfnissen und Lernvoraussetzungen der beteiligten Personen detailliert auszugestalten sind (vgl. Kasten 2).

Kasten 2: Beispiel für eine Feingliederung einer sozialen Fertigkeit

In einem sozialen Kompetenztraining müssen die einzuübenden sozialen Fertigkeiten soweit zerlegt werden, dass sie in den Trainingssitzungen bearbeitet werden können. So schlüsselt sich die soziale Fertigkeit „Freizeitaktivitäten mit anderen durchführen" in die folgenden Komponenten auf:

- Eine Aktivität auswählen,
- Personen aussuchen, mit denen man die Aktivität ausüben möchte und die auch Zeit dazu haben,
- die jeweiligen Personen aufsuchen,
- sie ansprechen mit „Würdest Du mit mir (Name der Aktivität)?" und
- wenn die Antwort „ja" lautet, die Person auffordern, einen dazu passenden Ort aufzusuchen und mit der Aktivität zu beginnen oder
- wenn die Antwort „nein" lautet, sich damit abfinden und jemanden anderen aufsuchen und fragen.

Die Einzelheiten der Ausgestaltung hängen von den Bedingungen der beteiligten Personen und der Situation ab.

Die Feinziele sozialer Fertigkeiten können nur erreicht werden, wenn die Betroffenen eine differenzierte soziale Wahrnehmung entwickeln, eine angemessene soziale Urteilsfähigkeit herausbilden und schrittweise ein umfassendes Repertoire an sozialen Handlungsweisen aufbauen. Alle diese Voraussetzungen basieren auf Lernprozessen, die durch Verhaltenstrainings gezielt gefördert werden. Selbstverständlich sind in unterschiedlichen Lebensbereichen eines

Kindes oder Jugendlichen (z.B. Elternhaus, Freundeskreis, Schule, Ausbildungsplatz) spezifische Fertigkeiten gefordert, die sich im Zuge verschiedener sozialer Erfahrungen zu einer „Lebenskompetenz" (vgl. Aßauer & Hanewinkel, 2000) ausformen. Dazu definierte die Arbeitsgruppe um Hanewinkel bereits 1994 (vgl. Hanewinkel, Petermann, Burow, Dunkel & Ferstl, 1994, S. 112) zwei Teile, die die Programme zur Förderung der Lebenskompetenz bei Kindern und Jugendlichen umfassen sollten:

- Einen suchtmittelspezifischen Teil, der unter dem Begriff „Standfestigkeitstraining" zusammengefasst werden kann, sowie
- einen suchtmittelunspezifischen Teil, in dem allgemeine Bewältigungskompetenzen gefördert werden. Hierzu sind in erster Linie Problemlöse- und Kommunikationsfertigkeiten, aber auch Selbstsicherheit und Durchsetzungsvermögen zu zählen.

Interessant ist eine Analyse von Caldarella und Merrell (1997), die fünf grundlegende Aspekte herausfanden, die für die Entwicklung sozialer Fertigkeiten bei Kindern und Jugendlichen zentral sind. Diese Aspekte sind nach ihrer Wichtigkeit in Kasten 3 geordnet.

Kasten 3: Soziale Fertigkeiten: Fünf grundlegende Aspekte

- Interaktionsfertigkeiten bei Gleichaltrigen.
- Fertigkeiten des Selbstmanagements (Selbstkontrolle etc.).
- Schulbezogene Fertigkeiten (z. B. Regeln in der Schule respektieren).
- Kooperations- und Mitwirkungsbereitschaft.
- Durchsetzungsvermögen im Sinne von Selbstsicherheit
  (z. B. beim Knüpfen von Sozialkontakt).

Solche sozialen Fertigkeiten können gezielt, zum Beispiel in Rollenspielen, eingeübt werden; wichtig ist vor allem, dass sie im Sozialkontakt, sofern dieser befriedigend verläuft, bekräftigt und optimiert werden (vgl. Merrell & Gimpel, 1998).

1.3 Selbstsicherheit und soziale Kompetenz

Wolpe führte 1958 den Begriff „assertiveness training", also Selbstsicherheitstraining, ein; mit dieser Buchpublikation begann die Geschichte der Verhaltenstherapie. Ungefähr 20 Jahre später wurden die ersten deutschsprachigen Selbstsicherheitstrainings publiziert, die die Grundlage aller deutschsprachigen sozialen Kompetenztrainings bilden. Bereits 1983 wurde das erste Programm für sozial unsichere Kinder veröffentlicht (Petermann & Petermann, 2000b). 1980 beziehungsweise 1987 erschienen die ersten Verhaltenstrainings für Jugendliche, die wesentliche Merkmale eines Selbstsicherheitstrainings aufwiesen (vgl. Pielmaier, 1980; Petermann & Petermann, 2000a).

Die erwähnten Programme sollten Kinder und Jugendliche fördern, die Ängste (soziale Unsicherheit) oder dissoziales Verhalten zeigen. In solchen Fällen liegt in der Regel kein sozial kompetentes Verhalten vor. Selbstsicherheitsprogramme üben somit Fertigkeiten ein, die eine Person beherrschen muss, um

- angemessen im Kontakt mit anderen Forderungen zu stellen,
- sich von anderen abzugrenzen (Nein-sagen-können),
- Gefühle (Freude, Wut, Trauer usw.) angemessen auszudrücken,
- Kritik angemessen zu formulieren und
- mit berechtigter oder unberechtigter Kritik an der eigenen Person angemessen umzugehen.

Mit den Begriffen „Selbstsicherheit" oder „Selbstbehauptung" wird vielfach auch der Wunsch verknüpft, dass sich Menschen im sozialen Austausch als „faire" PartnerInnen verhalten und sich mit ihren Eigenheiten entfalten können, ohne damit die Rechte anderer zu beschneiden. Der Begriff „soziale Kompetenz" wird häufig im Kontext der verhaltenstherapeutischen Behandlung von sozialen Ängsten, sozialer Unsicherheit oder sozialen Phobien als globales Therapieziel benannt. Für diese psychischen Störungen entwickelte man vor ungefähr drei Jahrzehnten in der Verhaltenstherapie die erwähnten Selbstsicherheitstrainings, mit deren Hilfe man - vor allem durch alltagsnahe Rollenspiele realisiert - sozial-kompetentes Verhalten bei Kindern, Jugendlichen und Erwachsenen fördern kann (vgl. Hersen et al., 1973).

1.4 Zur Diagnostik der sozialen Kompetenz

Am unmittelbarsten kann man soziale Kompetenz durch Beobachtungsverfahren erfassen. Zwei Zugänge bieten sich an: Die Beobachtung im natürlichen Umfeld, das heißt in der Familie oder am Arbeitsplatz wird das Sozialverhalten erfasst. Weiterhin kann man in vorgegebenen Situationen, zum Beispiel durch festgelegte Rollenspielthemen Einschätzungen gewinnen. In diesen Fällen konfrontiert man die Person mit einer Aufgabe (sozialen Anforderung). Solche Anforderungen beziehen sich auf konkrete Situationen, zum Beispiel einen Aufsatz vor der Schulklasse vorlesen oder eine unbekannte Person ansprechen und um Auskunft bitten.

In dem von uns entwickelten Kompetenztraining FIT FOR LIFE wird soziale Kompetenz über ein Interview (vgl. Kasten 4), systematische Verhaltensbeobachtungen und Fragebögen erfasst. Wir wählten damit eine multimodale Diagnose- und Evaluationsstrategie, die als besonders angemessen angesehen werden kann (vgl. Döpfner, Lehmkuhl, Petermann & Scheithauer, 2000).

1.5 Trainingsbezogene Kompetenzdiagnostik

Neben der globalen Bewertung der Kompetenz sind beim Einsatz eines Verhaltenstrainings folgende Aspekte grundlegend zu klären:

- Hat die betroffene Person die geforderten sozialen Kompetenzen überhaupt erworben?
- Warum setzt die Person die erworbenen Kompetenzen nicht oder nicht angemessen ein?
- Welche Bedingungen verhindern, dass Kompetenzen eingesetzt werden?
- Welche Kompetenzen lassen sich am unmittelbarsten und einfachsten aufbauen?

Um diese Fragen beantworten zu können, benötigt man ein Konzept, mit dem man den Erwerb und die Ausübung sozial kompetenten Verhaltens einordnen kann. So weisen zum Beispiel Pfingsten und Hinsch (1998, S. 16) in einem Prozessmodell auf die Wechselwirkung zwischen der kognitiven Verarbeitung einer Anforderungssituation und emotionalen Prozessen (z.B. emotionalen Blockaden wie Ängste etc.) hin. Solche Wechselwirkungen beeinflussen die Motivation für bestimmtes Verhalten. Die daraus resultierenden Verhaltenskonsequenzen steuern das konkrete Sozialverhalten und führen bei ständigen Misserfolgen dazu, dass man das eigene Bemühen um produktive Problembewältigung einstellt. In der Folge entsteht passives Sozialverhalten und die Gefahr der sozialen Isolation (vgl. Petermann et al., 2000).

Zur weiteren einzelfall- und trainingsbezogenen Diagnostik sollten zumindest die vier einleitend in diesem Abschnitt gestellten Fragen beantwortet werden. Dies ist vor allem nötig, wenn das Kompetenztraining für Risikogruppen und nicht nur primärpräventiv eingesetzt wird (vgl. Hurrelmann & Settertobulte, 2000). Zur Einordnung von Kompetenzdefiziten eignet sich vor allem das sozial-kognitive Informationsverarbeitungskonzept von Dodge (vgl. die aktuelle Version von Crick & Dodge, 1994). Dieses Modell wurde im deutschsprachigen Bereich sowohl zur Erklärung aggressiven Verhaltens (Scheithauer & Petermann, 2000) herangezogen als auch unserem Sozialtraining in der Schule (Petermann, Jugert, Rehder, Tänzer & Verbeek, 1999) zugrunde gelegt. Nach diesem Modell werden bei aggressivem Verhalten

- soziale Schlüsselreize selektiv wahrgenommen und einseitig interpretiert; diese Fehlwahrnehmung führt dazu, dass
- die sozialen Ereignisse als provokant, ängstigend etc. interpretiert und damit emotional ungünstig verarbeitet werden; die Ursache hierfür kann in einer erhöhten Selbstaufmerksamkeit, verzerrter Selbst- oder Fremdwahrnehmung oder auch einer negativen Grundstimmung (Depression, Wut etc.) liegen;
- in der Folge davon werden bestimmte Handlungsziele präferiert (z.B. aggressive oder resignative Verhaltensweisen), die häufig praktiziert werden und so zu

- eingeschränkten oder wenig angemessenen (effektiven) Problemlösestrategien führen, die als
- unangemessene Reaktionsweisen sehr häufig im Umgang mit anderen gewählt werden.

Kasten 4: Interviewleitfaden für Jugendliche
(aus Petermann & Petermann, 2000a, S. 89)

Themenkomplex	Beispiele für Fragen
A. Allgemeine Fragen	• Was gefällt dir in der Schule/ am Ausbildungsplatz gut? • Was gefällt dir in der Schule/ am Ausbildungsplatz nicht?
B. Fragen zur bisherigen Entwicklung	• Bitte nenne mir Personen, die dir in deinem bisherigen Leben wichtig waren. • Wenn du dein bisheriges Leben in fünf Abschnitte aufteilst (als Kleinkind, Kindergartenkind, Grundschulkind, Schulkind, Lehrling) - welcher Abschnitt war dann deine glücklichste Zeit?
C. Familienbeziehungen	• Wie kannst du das Verhältnis zu deinen Geschwistern beschreiben (freundschaftlich, ablehnend, eifersüchtig, fremd)? • Denkst du, dass deine Eltern deine Geschwister und dich gleich behandeln? • Was würdest du, wenn du eine eigene Familie gründen würdest, anders machen als deine Eltern?
D. Aktuelle Situation	• Bitte beschreibe mir einen typischen Werktag aus der letzten Woche, vom Aufstehen bis zum Zubettgehen. • Hast du ein Hobby oder sogar mehrere? • Kannst du einmal beschreiben, was in dir vorgeht und wie du dich fühlst, wenn dir etwas richtig Spaß macht? • Wenn man dir eine für dich zu schwere Aufgabe gibt, was tust du dann? • Was geht dir am meisten auf den „Wecker", wenn du zu Hause bist? Bitte beschreibe es genau.
E. Beziehungen zu Gleichaltrigen	• Hast du Freunde/ Freundinnen, mit denen du schon Monate oder Jahre befreundet bist? • Wie häufig trefft Ihr euch? • Was glaubst du, was einen richtigen Freund ausmacht? • Wann würdest du eine Freundschaft beenden?

Solche Wahrnehmungs- und Reaktionsmuster verfestigen sich sehr schnell und laufen „automatisch" ab. Diese Defizite prägen die sozialen Erfahrungen in Familie, Beruf und im Umgang mit Freunden. Die in der Regel dadurch erfahrene geringe soziale Attraktivität beziehungsweise soziale Ablehnung begünstigt den „Teufelskreis sozialer Inkompetenz". Eine diagnostische Abklärung der Defizite in den fünf Schritten der sozial-kognitiven Informationsverarbeitung kann eine wichtige Grundlage für eine angemessene Indikationsstellung bieten. In der Regel wird man diese Informationen mit Hilfe eines Interviewleitfadens erheben, wie er für die Arbeit mit Jugendlichen von Petermann und Petermann (2000a, S. 57-61; vgl. auch Kasten 4) vorgelegt wurde. Dieses Vorgehen hat sich auch in der Arbeit mit sozial benachteiligten oder sprachlich sehr ungeübten Jugendlichen bewährt.

1.6 Methodisches Vorgehen im Rahmen von Kompetenztrainings

Verhaltenstrainings zum Aufbau sozialer Kompetenzen basieren auf lerntheoretischen Grundlagen, in der Regel liegen kognitiv-behaviorale Programme vor. Wesentliche verhaltenstherapeutische Methoden, die häufig bei Kompetenztrainings miteinander kombiniert werden, sind:

- Modelllernen,
- (strukturiertes, thematisches) Rollenspiel,
- (soziale) Verstärkung (Verhaltensrückmeldung) und
- Übungen zur Erleichterung des Transfers in den Alltag.

Beim *Modelllernen* werden den Betroffenen direkt oder anhand eines Videofilms komplexe (sozial kompetente) Verhaltensweisen demonstriert, die sie imitieren sollen (vgl. Bauer, 1999). Die Methode des Modelllernens lässt sich durch den Einsatz von *Rollenspielen* optimieren. Nach Cartledge und Milburn (1995) bildet Modelllernen, mit dem Einsatz des Rollenspiels kombiniert, die erfolgreichste Komponente im Rahmen der Förderung der sozialen Kompetenz. Mit dem Rollenspiel gelingt es den Betroffenen, im Schutzraum der Trainingsgruppe alltagsnah neues Verhalten einzuüben. Somit wird schon beim Erwerb neuen, sozial kompetenten Verhaltens die Umsetzung in den Alltag vorbereitet (vgl. Kapitel 2.4).

Beim sozialen Kompetenztraining werden die Betroffenen durch Rollenspiele für Problemverhalten sensibilisiert. Alternativverhalten kann dabei in zweierlei Hinsicht eingeübt werden: Durch Rolleneinnahme und Rollenübernahme (Rollentausch). Bei der Rolleneinnahme üben die Betroffenen neue, soziale Fertigkeiten und lernen systematisch die Unterschiede zwischen dem erwünschten und bislang gezeigten Verhalten kennen und im Alltag zu beachten. Bei der Rollenübernahme reflektieren die Betroffenen durch Rollentausch die Konsequenzen ihres Verhaltens, indem sie sich selbst aus der Rolle eines anderen heraus beobachten (vgl. Specht & Petermann, 1999).

Zwei weitere Komponenten kennzeichnen Kompetenztrainings: Die soziale Verstärkung und Übungen zur Erleichterung des Transfers in den Alltag, einschließlich von Verhaltenseinübungen im Alltag. Die TrainerIn hat die Möglichkeit, durch soziale *Verstärkung* (gezielte Verhaltensrückmeldung) das Verhalten schrittweise zu verändern. Auf diese Weise gelingt es, komplexe Fertigkeiten nach und nach aufzubauen und zu modifizieren.

Merrell und Gimpel (1998) unterstreichen für die Generalisierung sozialer Kompetenzen die Bedeutung von *Verhaltenseinübungen im Alltag*, da damit der langfristige Erfolg von Kompetenztrainings gewährleistet ist. Hierzu werden die im Schutzraum der Trainingsgruppe eingeübten Verhaltensweisen meist als Verhaltensaufträge (i. S. von Hausaufgaben) im Alltag erprobt. Zu Beginn von Verhaltenseinübungen im Alltag kann die Anwesenheit der TrainerIn oder die detaillierte Vorbereitung der Übungen durch die TrainerIn sinnvoll sein (vgl. Petermann et al., 2000), um angemessenes Verhalten verstärken und Hilfestellungen bei Problemen geben zu können. Auf den Versuch einer Problembewältigung sollte dabei deutlich mehr Wert gelegt werden als auf den Erfolg des Verhaltens.

Kompetenztrainings verknüpfen verschiedene kognitiv-behaviorale Methoden. Bei diesen kombinierten Vorgehensweisen handelt es sich in der Regel um Gruppentrainings, die in ihrer Gesamtheit wirken und deshalb nur auf dieser globalen Ebene auf Effektivität überprüft werden (vgl. auch Döpfner et al., 2000).

Bei der Entwicklung eines Kompetenztrainings müssen einige Vorentscheidungen getroffen werden. So sollte zunächst geklärt werden, welche Kompetenzdefizite vorliegen und in welchem Umfang diese angegangen werden sollen. Prinzipiell kann man zwischen sehr breit gefächerten und sehr spezifischen Trainings unterscheiden. Weist zum Beispiel ein Kind nur begrenzte Kompetenzdefizite in der Schule auf, zum Beispiel in Situationen der sozialen Hervorhebung (Vorlesen vor der Klasse, Rechenaufgaben an der Tafel bearbeiten), dann dürfte dieses Problem in thematisch begrenzten Rollenspielen gut behebbar sein. Weist ein Jugendlicher jedoch viele Kompetenzdefizite, Motivationsprobleme und bereits generalisierte Verhaltensstörungen auf, so wird dies nur durch ein breit gefächertes Training langfristig behebbar sein. Im Falle des mehrfach beeinträchtigten Jugendlichen müssen viele Problemsituationen bearbeitet werden. Zudem wird der Jugendliche erst durch allmählich auftretende Erfolge motiviert werden, grundlegende Probleme (z.B. im Kontext der Berufsausbildung) anzugehen. Ein breit gefächertes Training wird mit einfachen Situationen beginnen und schrittweise zu schwierigeren voranschreiten.

Generell ist es ratsam, soziale Kompetenztrainings sehr strukturiert aufzubauen. Die Strukturierung sollte von einer Lernhierarchie (von einfachen zu komplexeren Zielen) ausgehen. Durch ein solches Vorgehen wird die Generalisierung des Gelernten erleichtert. Des Weiteren sollte ein stark ritualisierter Sitzungsaufbau gewählt werden, um Routinen im Trainingsablauf aufzubauen. In der Regel wird dadurch - gerade bei Jugendlichen - die Motivation erhöht (Petermann & Petermann, 2000a).

Ein hoher Strukturierungsgrad ist auch bei der Arbeit mit Kindern wünschenswert und erforderlich (vgl. Petermann & Petermann, 2000b; 2000d). Ein solch hoher Strukturiertheitsgrad ist auch vonnöten, um bei dem zeitlich begrenzten Rahmen (bei Kindern ca. 10 Sitzungen; vgl. Petermann et al., 1999) zu Erfolgen zu kommen.

1.7 Ausgewählte Kompetenztrainings für Kinder, Jugendliche und Erwachsene

Soziale Kompetenztrainings liegen für alle Altersgruppen (ab dem Kindergartenalter) bis ins Erwachsenenalter vor. Die Themen und ihre Spezifität variieren erheblich. So existieren Kompetenztrainings zur Verbesserung der sozialen Integration nach Straftaten, die von Jugendlichen begangen wurden. Andere Programme sind als Selbstsicherheitstrainings für Kinder zum Einüben von positivem Sozialverhalten konzipiert. Verschiedene Programme liegen zur Drogenprophylaxe oder zur Rückfallprophylaxe bei jugendlichen DrogenkonsumentInnen und Drogenabhängigen vor. Die Programme lassen sich grundlegend, mindestens in primär- und sekundärpräventive Ansätze untergliedern (Hurrelmann & Settertobulte, 2000). Wir beschränken uns im Folgenden auf die Darstellung einiger Kompetenztrainings, die primärpräventiv oder sowohl primär- als auch sekundärpräventiv angelegt sind. Wir wählen bewährte und thematisch ähnlich orientierte Verfahren aus; besonders wird auf kognitiv-behaviorale Trainings eingegangen.

Allgemeine Hinweise

Merrell und Gimpel (1998) empfehlen, soziale Kompetenzen in Gruppen einzuüben. Diese Gruppen sollten sich möglichst aus drei bis acht TeilnehmerInnen zusammensetzen, die von einem - möglichst von zwei - TrainerInnen betreut werden. Darüber hinaus sollten die Gruppen aufgrund der erforderlichen kognitiven Fähigkeiten möglichst homogen nach ihren Lernvoraussetzungen zusammengestellt werden. Meistens weisen geschlechtsgemischte Gruppen Vorteile auf, da vielfältige Standpunkte damit bearbeitet werden können. Merrell und Gimpel (1998) sprechen sich eher für breit gefächerte Kompetenztrainings aus, mit denen verschiedene soziale Fertigkeiten vermittelt werden können. Solche Programme scheinen erfolgreicher zu sein als spezifische. Die Anzahl und Häufigkeit der einzelnen Trainingssitzungen und die Dauer des Kompetenztrainings hängen von verschiedenen Rahmenbedingungen ab, wie zum Beispiel von dem Alter der Betroffenen und den Trainingszielen. Im Weiteren werden für Kinder, Jugendliche und Erwachsene einige Kompetenztrainings vorgestellt, um die Ziele und Vorgehensweisen zu illustrieren.

Trainings für Kinder

Die Kieler Arbeitsgruppe um Rainer Hanewinkel entwickelte verschiedene Programme zur *Förderung der Lebenskompetenz* (vgl. Aßauer & Hanewinkel, 2000; s.o.). Das Vorgehen zielt auf SchülerInnen der Grundschule und Orientierungsstufe. Das primärpräventive Programm für die Orientierungsstufe basiert auf den Kompetenztrainings von Petermann und Petermann (2000a; b). Das „Lebenskompetenzen-Programm" wird in der fünften und sechsten Klasse eingesetzt, um die „Standfestigkeit" der SchülerInnen dieser Altersgruppe gegenüber dem Rauchen zu verbessern (zur Entwicklung des Programms vgl. Hanewinkel, Burow, Böttcher, Petermann & Ferstl, 1993; Hanewinkel, Petermann, Burow, Dunkel & Ferstl, 1994).

Das Programm von Hanewinkel et al. (1994) umfasst elf wöchentlich mit einer Schulklasse (5. und 6. Klasse) durchzuführende Einheiten (pro Einheit 90 Minuten Dauer). Das Training wird von PädagogInnen realisiert, die an einer umfassenden Fortbildung teilgenommen haben müssen. Die Eltern werden vor Beginn des Trainings im Rahmen eines Elternabends informiert. Neben einer Einführungssitzung werden in zehn thematischen Blöcken soziale Problemstellungen bearbeitet (vgl. Kasten 5).

Kasten 5: Förderung von Lebenskompetenzen im Rahmen der Kampagne „Rauchfreie Schule"

Sitzung 1:   Mit sozial unsicherem Verhalten konfrontieren

Sitzung 2:   Gesichtsausdrücke und Gefühle differenzieren lernen

Sitzung 3:   Gestik unterscheiden lernen

Sitzung 4:   Eigene Ansprüche durchsetzen/ Ansprüche anderer erkennen

Sitzung 5:   Kritik annehmen und verarbeiten lernen

Sitzung 6:   Schwierigen Situationen widerstehen lernen/ Selbstsicherheit im Umgang mit anderen

Sitzung 7:   Akzeptieren von Außenseitern

Sitzung 8:   Umgehen mit Misserfolg

Sitzung 9:   Lebensschicksale und Eigenverantwortung

Sitzung 10: Rückmeldung zum Training

Unsere Bremer Arbeitsgruppe legte ebenfalls ein primärpräventives Sozialtraining für die dritte bis sechste Klasse vor (vgl. Petermann et al., 1999). Dieses Vorgehen basiert auf dem bereits skizzierten Modell der sozial-kognitiven Informationsverarbeitung von Dodge (Crick & Dodge, 1994). Nach diesem Modell kann man davon ausgehen, dass soziale Kompetenz aus dem Zusammenspiel von kognitiven und sozialen Fertigkeiten resultiert, woraus sich Anhaltspunkte für ein Verhaltenstraining ableiten lassen. So besteht ein Bestandteil des Vorgehens darin, diejenigen kognitiven Prozesse zu schulen, die jedes Interaktionsverhalten steuern und auf diese Weise kompetentes Sozialverhalten ermöglichen. Des Weiteren werden mit dem *Sozialtraining in der Schule* diejenigen sozialen Fertigkeiten mit der gesamten Schulklasse eingeübt, die ein sozial kompetentes Verhalten ermöglichen. Im Einzelnen werden folgende *Ziele* verfolgt:

- Differenzierte soziale Wahrnehmung,
- Erkennen und Ausdrücken von Gefühlen, um Körpersignale sicher zu interpretieren,
- angemessene Selbstbehauptung, um damit eigene Interessen und Bedürfnisse in konfliktfreier Weise durchzusetzen,
- kooperatives Verhalten als angemessene Alternative zu aggressivem oder sozial unsicherem Verhalten sowie
- Einfühlungsvermögen im Sinne einer Neubewertung der Folgen des eigenen Handelns aus der Sicht des Gegenübers.

Die Zielvorgaben wurden weitgehend aus dem Therapieprogramm für aggressive Kinder übernommen (vgl. Petermann & Petermann, 2000d), womit verdeutlicht werden kann, dass sich die Zielvorgaben von primärpräventiven und Therapieprogrammen nicht grundlegend unterscheiden müssen. Die Unterschiede liegen vielmehr im Intensitätsgrad der Intervention, der Auswahl der Zielgruppe und dem methodisch-didaktischen Zugang (pädagogisch vs. therapeutisches Förderprogramm, Gruppengröße etc.; vgl. Kuschel, Miller, Koppe, Lübke, Hahlweg & Sanders, 2000).

Im pädagogischen Bereich ist es notwendig, die LehrerInnen in das Kompetenztraining einzubeziehen. So müssen die LehrerInnen in die Konzepte und deren Umsetzung ausführlich eingeführt werden, da nur durch ihre Beteiligung und Modellwirkung sich die sozialen Fertigkeiten im Schulalltag festigen und generalisieren. Kompetenztrainings in der Schule sollten durch Interventionsprinzipien wie den Einsatz von Verstärkungsplänen ergänzt werden, da auf diese Weise die Ziele besser in großen Gruppen umgesetzt und sozial kompetentes Verhalten gezielter gefördert werden kann (vgl. Merrell & Gimpel, 1998).

Ein Kompetenztraining für Jugendliche

Das im Weiteren vorgestellte Programm von Petermann und Petermann (2000a) ist für die Altersgruppe der 13- bis 20-jährigen Jugendlichen vielfach erprobt. Zentrale Absicht dieses Trainings besteht darin, die unterschiedlichen Fertigkeiten von Jugendlichen zu unterstützen, mit deren Hilfe sie besser in der Lage sind, Belastungen zu bewältigen. Für Jugendliche sind eine Vielzahl von

Teilfertigkeiten erforderlich, die in dem Kompetenztraining für Jugendliche eingeübt werden. Insgesamt liegen sechs *Ziele* vor:

- Selbstwahrnehmung (inklusive Wahrnehmung anderer),
- Selbstkontrolle (inklusive Ausdauer),
- Umgehen mit dem eigenen Körper und Gefühlen,
- Selbstsicherheit und stabiles Selbstbild,
- Einfühlungsvermögen und
- Umgang mit Lob, Kritik und Misserfolg.

Dieses sekundärpräventive Vorgehen möchte die angesprochenen Ziele in einem Einzel- und Gruppentraining umsetzen. In einem Einzeltraining werden in mindestens fünf Sitzungen berufliche und private Zielvorstellungen angesprochen. Hierbei beginnt das Training mit Themen der beruflichen Zukunft, die meist weniger bedrohlich sind als private Themen und dem Jugendlichen schnell den Nutzen eines Verhaltenstrainings verdeutlichen. Die Jugendlichen sind in der Regel dankbar, wenn man im Gespräch und im Rollenspiel ihre beruflichen Vorstellungen ernst nimmt und sie soweit differenziert, dass sie Wege sehen, wie sie ihre Wünsche umsetzen können. Da viele Jugendliche wenig gesprächsbereit sind, liegen im Rahmen dieses Trainingsprogramms eine Vielzahl von Arbeitsmaterialien vor, die dem Jugendlichen einen Zugang zur Thematik erleichtern. Besonders bewährt haben sich Cartoons zum Thema Beruf und Freizeit, Familie, Zukunftsplanung etc.

Für eine Verhaltensveränderung von besonders großer Bedeutung ist das über mindestens zehn zweistündige Sitzungen sich erstreckende Gruppentraining, an dem fünf Jugendliche teilnehmen. Im Blickpunkt dieser verhaltenseinübenden Sitzungen stehen Rollenspiele. Es handelt sich hierbei um gelenkte Rollenspiele, die thematisch von der TrainerIn vorgegeben werden. Ein solches Rollenspiel bezieht sich zunächst auf die Darstellung einer Situation, die von zwei oder mehr SpielerInnen vorgetragen wird. Es schließt sich ein Rollentausch an, so dass alle TeilnehmerInnen einerseits an dem Rollenspiel aktiv beteiligt werden können, andererseits unterschiedliche Perspektiven erfahren. Nach der Spielphase erfolgt eine verbale Reflexion über die Inhalte und den Verlauf des Rollenspiels. Durch das Rollenspiel wird geklärt, welche der Lösungen sich besonders positiv auswirken können.

Wesentlich für das Gelingen der Rollenspiele ist, dass diese an den Alltagsproblemen der Jugendlichen ansetzen. So haben sich konkrete Inhalte wie das Nachspielen eines Vorstellungsgesprächs besonders bewährt. Weitere Themen beziehen sich auf Einfühlungsvermögen, Selbstsicherheit im Umgang mit Gleichaltrigen, Anerkennung aussprechen und loben, Akzeptieren von Außenseitern, Umgehen mit Kritik im Beruf sowie Umgehen mit Misserfolgen. Rollenspiele wirken besonders nachhaltig, wenn sie mit Videorückmeldung ausgewertet werden, um den Jugendlichen ihre Mängel und Fortschritte im Sozialverhalten zu demonstrieren.

Die Protokolle der Trainingssitzungen legen den Schluss nahe, dass das Gruppentraining für die Verhaltensveränderung besonders einschneidende Bedeutung besitzt. Seit über zehn Jahren liegen zu diesem Vorgehen umfangreiche Belege für die Effektivität im Bereich der ambulanten und stationären Arbeit vor (vgl. Petermann & Petermann, 2000a).

Ein Kompetenztraining für Erwachsene

Das bekannteste deutschsprachige Kompetenztraining für Erwachsene wurde 1983 publiziert (Pfingsten & Hinsch, 1998). In der 1983 veröffentlichten Kurzfassung des *Gruppentrainings Sozialer Kompetenzen (GSK)* bestand dieses aus einer Einführungssitzung und sieben Gruppensitzungen. In der Entwicklungsphase des GSK wurde das Vorgehen auch mit SchülerInnen- und StudentInnengruppen durchgeführt. Das Vorgehen von Pfingsten und Hinsch verbindet Methoden der kognitiven Verhaltenstherapie (z.B. Selbstinstruktionstechniken, Problemlöseverfahren) mit der Methode des Rollenspiels und mit Entspannungsverfahren.

Eine Londoner Arbeitsgruppe um Proudfoot veröffentlichte ein kognitives *Verhaltenstraining für Langzeitarbeitslose* (= länger als 12 Monate arbeitslos). Das Gruppenprogramm wurde an 134 erwachsenen Arbeitslosen evaluiert, wobei sich das berufsbezogene Training über sieben wöchentlich stattfindende dreistündige Angebote erstreckte (Proudfoot, Guest, Carlson, Dunn & Gray, 1997). Eine Kontrollgruppe (N = 110) erhielt ein genauso umfangreiches Training, wobei unspezifische Themen zu dem Bereich „Gesundheit und Arbeit" behandelt wurden. Die Themen des kognitiven Verhaltenstrainings sind in Kasten 6 aufgeführt.

Kasten 6: Kognitives Verhaltenstraining für Langzeitarbeitslose

Inhalte / Techniken

Sitzung 1: Einführung in Denk- und Attributionsstile

Sitzung 2: Automatische (ungünstige) Gedanken, Zielsetzung, Zeitmanagement, Bearbeiten von Aufgaben

Sitzung 3: Tagebuch-Technik und Bearbeiten von ungünstigen Denkstilen

Sitzung 4: Veränderung ungünstiger Denkstile

Sitzung 5: Positives Denken (Aufbau von Erfolgszuversicht)

Sitzung 6: Anwendung der Inhalte auf die persönliche und Berufssituation

Sitzung 7: Erstellung eines Handlungsplans und Rückfallprophylaxe

---

Die Erfolge des kognitiv-behavioralen Verhaltenstrainings waren eindeutig: 34% erhielten nach drei Monaten einen Vollzeitjob (nur 11% in der Kontrollgruppe). In allen psychologischen Merkmalen traten signifikante Unterschiede zugunsten der TeilnehmerInnen des kognitiven Verhaltenstrainings auf: Sie wiesen eine höhere Selbstachtung und Lebenszufriedenheit, eine ausgeprägtere Arbeitsmotivation sowie einen günstigeren Attributionsstil auf.

Resümee. Kognitiv-behaviorale Trainings (Verhaltenstrainings) stellen besonders effektive Vorgehensweisen dar, die sowohl zur spezifischen Gewaltprävention (vgl. Verbeek & Petermann, 1999) als auch zur Primärprävention in der Schule (vgl. Durlak, 1997) eingesetzt werden können. Bei der Arbeit mit Jugendlichen, also dem Gebiet der Sekundärprävention, liegen bis auf Petermann und Petermann (2000a) im deutschen Sprachraum keine Erfahrungen vor. International sprechen vor allem die Erfolge der Arbeitsgruppe um Arnold P. Goldstein (Goldstein et al., 1989; 1992) dafür, soziale Fertigkeitstrainings bei Jugendlichen zur Sekundärprävention einzusetzen.

1.8 FIT FOR LIFE:
Ein Kompetenztraining für Jugendliche

Unser Kompetenztraining FIT FOR LIFE (Jugert et al., 2001) besteht aus 13 thematischen Modulen, die für die Arbeit in Kleingruppen von fünf bis sieben Jugendlichen konzipiert wurden. Die Module repräsentieren differenzierte soziale Fertigkeiten, die in den Gruppen eingeübt werden.

Die 13 Module des Programms stellen insgesamt ein strukturiertes und breit gefächertes Angebot für das Training sozialer Fähigkeiten und Fertigkeiten dar. Im Einzelnen sollen Konzentration und Ausdauer, Lern- und Leistungsmotivation, Selbst- und Fremdwahrnehmung, Selbstbild und realistische Selbsteinschätzung, Selbstkontrolle und Selbststeuerung, Umgang mit dem eigenen Körper, Einfühlungsvermögen und Kooperationsfähigkeit verbessert werden. Jedes Modul zielt auf einen Fähigkeits- oder Kompetenzbereich. In ihm werden je eine Fähigkeit, die entsprechenden Ziele und Problemlösungen beschrieben. Die Ziele werden in strukturierten Rollenspielen, Verhaltensübungen und Verhaltensregeln mit gezielter Rückmeldung umgesetzt.

Überblick über die Module des Kompetenztrainings
mit ihren Zielen

Die ausführliche Beschreibung der Module erfolgt in Kapitel 2.6: Das erste Modul soll die *Motivation* zur Teilnahme am Trainingsprogramm FIT FOR LIFE stärken. Das Modul *Gesundheit* will einerseits durch ein gemeinsames Frühstück Vertrauen und Offenheit in der Trainingsgruppe fördern, andererseits die Jugendlichen für eine bewusstere Lebensführung sensibilisieren. Das Modul *Selbstsicherheit* schult und differenziert soziale Wahrnehmung und legt die

Grundlagen zu mehr Selbstvertrauen und Selbstsicherheit. In dem Modul *Körpersprache* wird die Kenntnis über die Wirkungsweise der Körpersprache, ihre differenzierte Wahrnehmung und ihr bewusster Einsatz vermittelt. In dem Modul *Kommunikation* geht es um das Erkennen der Wirkung unterschiedlicher Kommunikationsstile. In dem Modul *Fit für Konflikte 1* wird die Wahrnehmung von Konflikten differenziert. Dies befähigt die Jugendlichen, zwischen Problem und Person zu unterscheiden. Es vermittelt grundlegende Verhaltensweisen, die Wünsche und Interessen aller Konfliktparteien zu berücksichtigen. Mit dem Modul *Freizeit* wird der Aspekt der Lebensführung im Training wieder aufgegriffen. Neben einem Austausch über die Freizeitaktivitäten der Jugendlichen sollen Anregungen zu weiteren kreativen und sportlichen Aktivitäten vermittelt werden.

Abbildung 1: Zentrale Interventionsziele des FIT FOR LIFE-Trainings

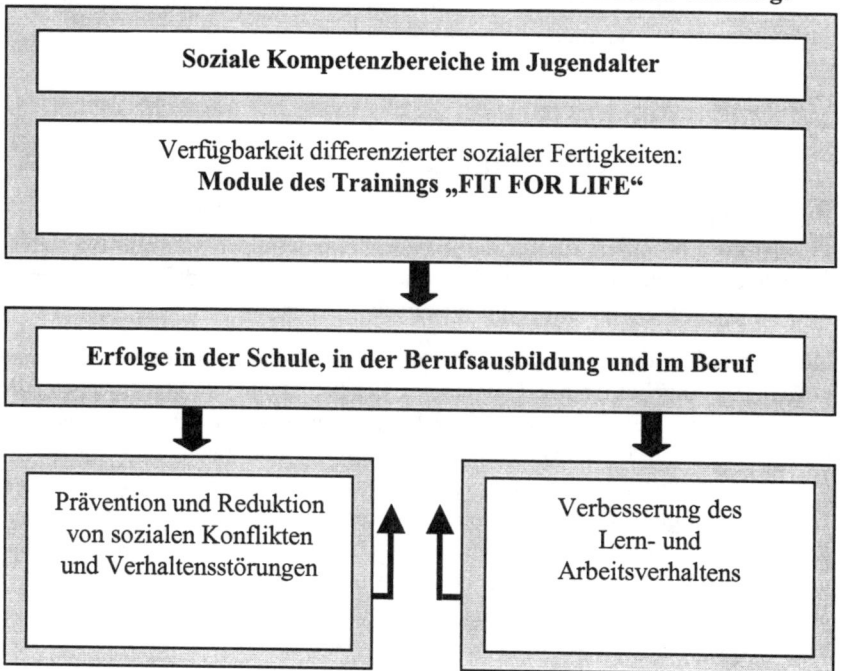

In dem Modul *Lebensplanung* wird die Notwendigkeit der Gestaltung des eigenen Lebens bearbeitet. Es soll das Unterscheiden in Nah- und Fernziele ebenso wie das Informations- und Entscheidungsmanagement trainiert werden. Im Modul *Beruf und Zukunft* wird über berufliche Wünsche und Ziele bis zum konkreten Training von Bewerbungsgesprächen gearbeitet. Das Modul *Gefühle* beinhaltet die Wahrnehmung eigener Gefühle in verschiedenen Situationen, die Wahrnehmung der Gefühle anderer und das Training des angemessenen Ausdrucks von Gefühlen. Im Modul *Einfühlungsvermögen* geht es darum, den Standpunkt, die Gedanken und Gefühle anderer Menschen besser wahrzunehmen. Darüber hinaus wird trainiert, die Reaktionen der anderen auf das eigene Verhalten vorwegzunehmen und in dem eigenen Verhalten zu berücksichtigen.

Das Modul *Fit für Konflikte 2* knüpft an das erste Konflikttrainings-Modul an und vertieft die Fertigkeit des gewaltfreien Umgangs mit Konflikten. Im letzten Modul, *Lob und Kritik,* wird geübt, sowohl mit berechtigter als auch unberechtigter Kritik umzugehen und Lob von anderen anzunehmen.

Das *zentrale Interventionsziel* des FIT FOR LIFE-Trainings erstreckt sich darauf, dass Jugendliche in der Schule, im vorberuflichen Bereich, in der Berufsausbildung und im Beruf die soziale Kompetenz erwerben, die dazu beiträgt, die Erfolgsaussichten in diesen Bereichen zu erhöhen. Als *konkrete Teilziele* sind dafür nötig:

- Prävention und Reduktion von sozialen Konflikten und Verhaltensstörungen sowie
- Verbesserung des Lern- und Arbeitsverhaltens.

2. Training sozialer Kompetenz für Jugendliche

2.1 Theoretische Grundlagen

An dieser Stelle soll der theoretische Rahmen des Trainingsprogramms FIT FOR LIFE näher ausgeführt werden. Die Theorie der sozial-kognitiven Informationsverarbeitung von Dodge (1993) stellt in Kombination mit der sozial-kognitiven Lerntheorie von Bandura (1986), erweitert und ergänzt um das Konzept der Selbstwirksamkeit (Bandura, 1994), die Grundlage für das verhaltensorientierte Kompetenztraining dar. Als Globalziel wird der Aufbau sozialer Kompetenz angestrebt, auf das im ersten Kapitel bereits ausführlich eingegangen wurde. Der theoretische Rahmen des Kompetenztrainings wird durch jugendpsychologische Befunde und Konzepte abgerundet. Das Verständnis der theoretischen Grundlagen ist entscheidend für die sachgemäße Anwendung des Trainingsmanuals und beeinflusst ganz wesentlich die Haltung der TrainerInnen[2] und den Verlauf des Trainings.

2.1.1 Modell sozial-kognitiver Informationsverarbeitung

Unter dem Begriff der sozial-kognitiven Informationsverarbeitung ist der kognitive Verarbeitungsprozess zu verstehen, der zwischen der Wahrnehmung einer sozialen Situation und dem daraus resultierenden Handeln einer Person liegt (Döpfner, 1989).

Dodge (1993) entwickelte ein Modell, das den sozialen Informationsverarbeitungsprozess stufenweise beschreibt (vgl. auch Crick & Dodge, 1994). Dabei wird der Weg von einem einzelnen Reiz zu einer aktiven Reaktion als linear dargestellt, da die einzelnen Schritte in der vorgegebenen Ordnung aufeinander folgen. Die feste Reihenfolge der Schritte bezieht sich jedoch nur auf die theoretische Betrachtung der Verarbeitung eines einzelnen Reizes. Im Alltag verläuft der Prozess dynamisch, da die Abarbeitung der Stufen simultan erfolgt. Dodge spricht von einem mentalen Prozess, bei dem die kognitiven und emotionalen Aspekte der Informationsverarbeitung eingeschlossen sind.

---

2 In diesem Buch wird durchgehend von TrainerInnen gesprochen, wenn es sich um Personen handelt, die die fachliche Kompetenz einer TrainerIn bereits besitzen oder sie mit dem vorliegenden Programm erwerben.

Mit Hilfe dieses Modells lassen sich auch Defizite auf den verschiedenen Stufen der Informationsverarbeitung erklären und analysieren sowie Interventionen ableiten. Um sozial kompetentes Verhalten entwickeln und fördern zu können, werden die Ziele und Inhalte des FIT FOR LIFE-Trainings aus diesem Modell abgeleitet. Da die Wahrnehmung am Beginn des Verarbeitungsprozesses steht, bildet eine angemessene Selbst- und Fremdwahrnehmung eines der wichtigsten Ziele des Trainings. Damit wird für die Jugendlichen das eigene Handeln reflexionsfähig und beeinflussbar.

Dodge definiert fünf Stufen, die während einer Handlungsentscheidung durchlaufen werden (vgl. Kasten 7):

1. Wahrnehmung der Situation,
2. Interpretation der Informationen,
3. Suche nach Handlungsalternativen,
4. Bewertung der Reaktionsmöglichkeiten und Auswahl der Reaktion sowie
5. Ausführung der Handlung.

Im Folgenden werden die Stufen der sozial-kognitiven Informationsverarbeitung sowie ihre Abweichungen oder Verzerrungen beschrieben.

Kasten 7: Sozial-kognitive Informationsverarbeitung nach Dodge (1993)	
Wahrnehmung	Alle relevanten Informationen werden erfasst.
Interpretation	Die Informationen werden situationsangemessen interpretiert.
Reaktionssuche	Ein breites Reaktionsrepertoire ermöglicht eine flexible Suche nach Lösungen.
Reaktionsbewertung	Es werden kurz- und langfristige Konsequenzen abgewogen.
Handeln	Es wird ein differenziertes Sozialverhalten gezeigt.

1. Stufe: Wahrnehmung der Situation
Aufgrund ihrer Komplexität werden Informationen selektiv wahrgenommen. Dies bedeutet, dass nur ein kleiner Teil von allen dargebotenen Reizen beachtet und zur Bearbeitung im Gehirn weitergeleitet wird. Dieser Selektionsmechanismus ist von persönlichen und emotionalen, sowie sozialen Einflüssen abhängig und geprägt. Die Wahrnehmung ist dabei nicht nur auf Informationen aus der Umwelt fokussiert, sondern auch auf die eigene Person im Sinne der Selbstwahrnehmung.

Aggressive Personen weisen eine verzerrte Wahrnehmung auf, da sie überwiegend feindliche Reize aus der Umwelt aufnehmen und Unbedrohliches nicht zur Kenntnis nehmen. Durch entwicklungspsychologische Untersuchungen, in Anlehnung an Piaget (Piaget & Inhelder, 1955), wurde bei ihnen ein mangelndes Differenzierungsvermögen zwischen der eigenen Person und fremden Personen festgestellt (Petermann & Petermann, 2000a). Dieser Mangel hat zur Folge, dass die eigenen aggressiven und feindlichen Gedanken und Gefühle einer anderen Person unterstellt werden. Selbst neutrale Reize werden zu einer Bedrohung, die mit einer ständigen psychischen und physischen Anspannung einhergeht. Diese Anspannung versetzt die Person in Alarmbereitschaft und erhöht dadurch wiederum die Tendenz zum aggressiven Handeln. Reagiert eine Person nun häufig mit aggressivem Verhalten, beeinflusst dies die InteraktionspartnerInnen, die aus Erfahrung mit aggressivem Verhalten rechnen und daher mit Ablehnung, Bestrafung oder ebenfalls mit aggressivem Verhalten reagieren. In der Folge fühlt sich die Person in ihrem aggressiven Verhalten bestätigt, was den Kreislauf der Aggression aufrecht erhält.

2. Stufe: Interpretation der Information
Die wahrgenommenen Informationen werden interpretiert. Externe und interne Ursachen von Handlungen der InteraktionspartnerInnen, deren Motive, Gefühle und Gedanken müssen aus dem wahrgenommenen Reiz erschlossen werden, was die Fähigkeit zur Rollenübernahme voraussetzt. Dies bedeutet, sich in die Situation des anderen hineinzuversetzen und dessen Absichten zu erkennen. Die Interpretation des sozialen Reizes steht in enger Beziehung mit den emotionalen Bedürfnissen und Zielen des Einzelnen.

Aggressive Personen unterstellen ihrer InteraktionspartnerIn feindliche Gefühle, Motive und Gedanken. Je eher ein schädigendes, bedrohliches oder hinderliches Ereignis erwartet wird, desto wahrscheinlicher wird der Reiz auch als solcher interpretiert. Darüber hinaus werden bei ihnen Defizite in der Rollenübernahmefähigkeit beobachtet. Aggressive Personen versetzen sich kaum in die Situation des anderen, um ein Verständnis für dessen Absichten zu entwickeln (Dodge, 1993).

3. Stufe: Suche nach Handlungsalternativen
Nach der Wahrnehmung und Interpretation der Informationen werden verschiedene Lösungsmöglichkeiten aus dem Gedächtnis abgerufen, um auf die Situation reagieren zu können. Alle Reaktionsmöglichkeiten, die in Betracht kommen, werden überprüft. Dabei reagieren aggressive Personen weniger kompetent, weniger bejahend und bieten weniger durchdachte Problemlösungen an. Sie verhalten sich weniger prosozial oder beziehungsfördernd. Beim Schließen von Freundschaften oder beim Eintritt in eine Gruppe zeigen sie destruktive Verhaltensweisen wie verbale oder physische Aggression. Entsprechend reagieren sie auf Provokationen. Hat eine Reaktion nicht zu dem gewünschten Erfolg geführt, wird nicht nach weiteren Lösungsmöglichkeiten gesucht (Dodge, 1993).

4. Stufe: Bewertung der Reaktionsmöglichkeiten und Auswahl der Reaktion

Die vierte Stufe beschreibt die individuelle Entscheidungsfindung. Hierbei können Bewertungen eine Rollen spielen, die mit dem moralischen Urteil verknüpft sind, wie die Kategorien „gut" und „böse". Ebenso sind die zu erwartenden Konsequenzen bezüglich der interpersonalen, intrapersonalen und instrumentellen Ergebnisse von Bedeutung. Liegt eine Reaktion im Rahmen der eigenen Akzeptanz, wird sie für die Handlung ausgewählt. Wird sie als nicht akzeptabel beurteilt, erfolgt eine Rückkopplung zu anderen möglichen abrufbaren Reaktionen. Diese Rückkopplung wird solange wiederholt, bis eine akzeptable Reaktion gefunden ist.

Aggressivem Verhalten werden positive Konsequenzen zugeschrieben, wenn eine Person damit wiederholt erfolgreich war. So wird gelernt, dass der Nutzen der Aggression größer ist als die negativen Folgen, was zu einer positiven Ergebniserwartung führt. Aggressive Handlungen werden als leicht durchführbar wahrgenommen (Joffe et al., 1990). Darüber hinaus ist es bezeichnend, dass nur die kurzfristigen Konsequenzen des aggressiven Handelns berücksichtigt werden. Erscheinen die kurzfristigen Folgen bei der Bewertung als erfolgversprechend und wenig bedrohlich, wird die entsprechende Handlung ausgeführt.

Kasten 8: Sozial-kognitive Informationsverarbeitung bei Aggressionen	
Wahrnehmung	Die Wahrnehmung ist verzerrt, es werden vorwiegend feindliche Reize wahrgenommen.
Interpretation	Attribution von Feindseligkeit.
Reaktionssuche	Es werden überwiegend aggressive Alternativen gewählt.
Reaktionsbewertung	Dem aggressiven Verhalten werden positive Konsequenzen zugeschrieben. Es werden nur kurzfristige Konsequenzen abgewogen.
Handeln	Aggressives Verhalten wird bevorzugt ausgeübt.

5. Stufe: Ausführung der Handlung

Die ausgewählte Reaktion wird in konkretes verbales und/oder motorisches Verhalten umgesetzt. Aggressive Personen sind wenig geübt, sozial kompetentes Verhalten zu zeigen und haben Schwierigkeiten, es auszuführen.

Kasten 7 und Kasten 8 verdeutlichen die Unterschiede zwischen kompetenter sozial-kognitiver Informationsverarbeitung und inkompetenter Informationsverarbeitung bei Aggressionen.

2.1.2 Die sozial-kognitive Lerntheorie

Eine weitere theoretische Grundlage des FIT FOR LIFE-Trainings bildet die sozial-kognitive Lerntheorie von Bandura (1986). Aus ihr werden Strukturen, Methoden und Verhaltensweisen abgeleitet, um Lernprozesse zu optimieren. Unter motivationaler Betrachtungsweise ist das lernpsychologische Prinzip der Selbstwirksamkeit (1994) entscheidend. Mit diesem Prinzip werden mangelnde Motivation, Apathie und Widerstand erklärbar. Auf der anderen Seite werden auch die Möglichkeiten zu einer positiven Selbstwirksamkeit aufgezeigt.

Es wird von einer kontinuierlichen Interaktion zwischen Individuum und Umwelt ausgegangen. So erzeugen manche Personen durch ihr aggressives Verhalten eine missgestimmte Umwelt, die ihrerseits auf das aggressive Verhalten der betroffenen Person zurückwirkt. Wenn Menschen eine Handlung ausführen, liegt dem ein Prozess zugrunde, bei dem nicht automatisch auf Reize reagiert wird, sondern Motive, Emotionen und komplexe Denkprozesse eine Rolle spielen.

Lerneffekte und Prozesse des sozialen Lernens
In Anlehnung an die Theorie von Bandura (1986) wird von drei verschiedenen Lerneffekten ausgegangen.

Beobachtungslerneffekt
Hiernach wird neues Verhalten durch das Beobachten und Nachahmen eines Modells erworben.

Verhaltenshemmungen hervorheben oder abschwächen
Durch die Beobachtung von Modellen können Hemmungen von Verhaltensweisen, die die BeobachterIn schon vorher gelernt hat, verstärkt oder abgeschwächt werden. Dies erfolgt durch die Beobachtung von strafenden oder belohnenden Konsequenzen bei der Modellperson.

Verhaltensaktivierung durch gezielte Hinweise
Durch Diskriminationslernen wird verdeutlicht, in welchen Situationen ein bestimmtes Verhalten eingesetzt werden kann und in welchen nicht. Hierbei wird auf das eigene, bereits vorhandene Verhaltensrepertoire zurückgegriffen; es wird dabei nicht unbedingt neues Verhalten gelernt.

Damit soziales Lernen in der oben beschriebenen Form erfolgen kann, müssen die von Bandura (1986) benannten folgenden *vier Prozesse durchlaufen* werden:

1. Prozess: Aufmerksamkeit und ihre Bedingungen,
2. Prozess: Gedächtnis und seine Optimierung,
3. Prozess: Ausführen von Verhalten und
4. Prozess: Motivation mit den unterschiedlichen Arten der Verstärkung.

Diese Prozesse bilden die Voraussetzungen dafür, dass Verhalten von Modellen übernommen werden kann (Bandura, 1986). Wird sozial angemessenes Verhalten trotz mehrmaliger Darbietung von Modellen nicht gezeigt, muss angenommen werden, dass die vier Prozesse nicht vollständig durchlaufen wurden. Diese Defizite werden diagnostiziert und behoben, damit sich effektive Lernerfolge einstellen können (Petermann & Petermann, 2000a).

1. Prozess: Aufmerksamkeit und ihre Bedingungen

Wie bereits durch die Darstellung des sozial-kognitiven Informationsverarbeitungsmodells deutlich wurde, spielt die Wahrnehmung sozialer Geschehnisse eine herausragende Rolle. Auch beim Beobachtungslernen stellt sie einen wichtigen Teilprozess dar. Allein die Darbietung von Modellen bietet noch nicht die Gewähr dafür, dass genügend Aufmerksamkeit entwickelt wird. Soll das Modelllernen erfolgreich sein, muss die Aufmerksamkeit geweckt, aufrecht erhalten und gegebenenfalls erhöht werden. Hierbei sind die Merkmale der Modellperson, ihr Status, ihre Kompetenz und Sachkenntnis von Bedeutung. Bei Jugendlichen lenken unter anderem Abhängigkeitsbedürfnisse, Selbstwertgefühle und die Einschätzung der eigenen Kompetenzen den Grad der Aufmerksamkeit. Die Klarheit und Strukturiertheit der Handlungssituation und des Handlungsablaufes (Reizbedingungen) spielen ebenfalls eine Rolle. Weitere Merkmale der Reizsituation liegen in der Deutlichkeit, dem Aufforderungscharakter, der Komplexität sowie dem funktionalen Wert des beobachteten Verhaltens. Ebenso wichtig ist eine positive Wahrnehmungshaltung: Es muss eine ausreichende Motivation vorhanden sein, neues Verhalten erlernen zu wollen. Diese Haltung ist abhängig von früher erfahrenen Verstärkungen.

2. Prozess: Das Gedächtnis und seine Optimierung

Das beobachtete Verhalten muss in einem weiteren Schritt bildlich oder verbal gespeichert werden, um es später ausüben zu können. Liegen komplexe Handlungsabläufe vor, werden diese symbolisch in Form von Worten oder Bildern kodiert. Bei dieser Form des Speicherns von Informationen kann es zu Wahrnehmungsverzerrungen kommen, da oft nicht das Wesentliche mit seinen Details behalten wird, sondern eine innere individuelle Übersetzung davon. Daher ist für den Prozess des Behaltens des Wesentlichen eine symbolische oder motorische Wiederholung mit Feedback nötig (vgl. Kapitel 2.5.2).

3. Prozess: Ausführen von Verhalten

In dieser Phase geht es um das motorische Einüben und Ausführen eines vorher beobachteten Verhaltens, das physische Fähigkeiten und Verfügbarkeit von Teilreaktionen voraussetzt. Mit anderen Worten, selbst wenn die symbolischen Repräsentationen modellierter Handlungsweisen entwickelt und im Gedächtnis gespeichert sind, kann die Handlung gegebenenfalls nicht ausgeführt werden, falls notwendige Teilfunktionen nicht beherrscht werden. Um beurteilen zu können, ob das neu gezeigte Verhalten angemessen reproduziert wurde, bedarf es eines angemessenen Feedbacks von außen.

4. Prozess: Motivation und Verstärkung

Wenn die eben genannten drei Prozesse durchlaufen sind, hat Modelllernen stattgefunden. Ob dieses Verhalten in Zukunft auch gezeigt wird, hängt wesentlich von der Motivation ab. Wird ein Verhalten nicht bekräftigt oder wird es bestraft, wird es künftig kaum ausgeführt werden. Die notwendige *motivierende Verstärkung* erfolgt nach Bandura (1986) durch *direkte äußere* Anreize wie die materielle Verstärkung in Form von Geld, Essen oder neuer Kleidung, sowie durch Lob, Anerkennung und Zuwendung (= soziale Verstärkung).

Von *stellvertretender Verstärkung* wird gesprochen, wenn eine Modellperson für ein gezeigtes Verhalten belohnt wird. Hierbei wird die BeobachterIn gleichzeitig mitbekräftigt und sie wird veranlasst, das Verhalten ebenfalls zu zeigen.

Viele komplexe soziale Lernprozesse werden entscheidend durch die Selbstverstärkung beeinflusst. Die *Selbstverstärkung* beinhaltet, sich für die Erreichung eines Zieles selbst zu belohnen oder im Falle des Nichterreichens auf Belohnung zu verzichten (Petermann & Petermann, 2000b).

Selbstverstärkung und Verstärkungsmechanismen aus der sozialen Umwelt beeinflussen menschliches Verhalten und wirken sich auf Aufmerksamkeits-, Gedächtnis- und motorische Reproduktionsleistungen aus. Welchem der beiden Mechanismen eine Person mehr unterliegt, hängt von individuellen Eigenschaften und Lernerfahrungen ab.

Kasten 9: FIT FOR LIFE und die sozial-kognitive Lerntheorie	
Sozial-kognitive Subprozesse	**Realisierung im FIT FOR LIFE-Training**
Aufmerksamkeit	*Ansprechende* Arbeitsmaterialien Bedeutsame *jugendrelevante* Themen der Trainings-module
Gedächtnis	Entspannungs- und Konzentrationsübung *Cartoons* auf Modulblättern und Arbeitsbogen Verwendung von *Signalkarten*
Verhalten ausführen	*Verhaltensübungen* (Teilhandlungen) Das *Rollenspiel* (komplexe Handlungsmuster) Verhaltensübungen in der *Realsituation (*Transfer*)*
Motivation	*Direkte soziale Verstärkung* (Lob, Feedback, anerkennendes Nicken, Lächeln u. a.) *Stellvertretende Verstärkung* (die Beobachtung direkter Verstärkung anderer) *Selbstverstärkung* (Gruppenregel, Arbeit mit der persönlichen Regel, Verhaltensübung in der Realsituation mit Beobachtungsbogen)

In Kasten 9 wird im Überblick dargestellt, wie die Prozesse der sozial-kognitiven Lerntheorie im FIT FOR LIFE-Training realisiert werden.

Das Konzept der Selbstwirksamkeit
Die sozial-kognitive Lerntheorie wurde von Bandura um das Konzept der Selbstwirksamkeit (Bandura, 1994) erweitert. Hiermit ist die Überzeugung gemeint, durch eigenes Handeln erwünschte Ergebnisse und Ziele zu erreichen. Die Motivation, eine Handlung auszuführen oder nicht, wird durch Kompetenz- und Ergebniserwartungen einer Person kognitiv beeinflusst (Bandura, 1994).

Die Ergebniserwartung einer Person beinhaltet die Annahme darüber, ob ein bestimmtes Verhalten positive oder negative Konsequenzen haben wird. Es handelt sich also um die innere Überzeugung, eine schwierige Handlung erfolgreich ausführen zu können.

Die Kompetenzerwartung umfasst die subjektive Einschätzung darüber, ob die nötigen Fähigkeiten vorhanden sind, eine Handlung durchzuführen. Teasdale (1978, nach Döpfner, 1989) fasst dahingehend zusammen, dass Handlungen nur dann ausgeführt werden, wenn eine positive Ergebniserwartung und eine hinreichend hohe Kompetenzerwartung vorliegen.

Diese Zusammenhänge verdeutlichen, dass kognitive Prozesse das Verhalten beeinflussen. Gedanken, Gefühle und Verhalten wirken wechselseitig aufeinander und müssen daher bei einer Verhaltensmodifikation Berücksichtigung finden (Lauth, 1983).

Das Erleben eigener Wirksamkeit bildet die Vorbedingung für ein kompetentes, zielorientiertes Verhalten. Zweifel an den eigenen Fähigkeiten, fehlende Überzeugung, das eigene Leben gestalten und Einfluss nehmen zu können, führen zu sinkendem Selbstvertrauen. Personen mit niedrigen Selbstwirksamkeitserwartungen denken weniger über Problemlösestrategien nach und entwickeln signifikant häufiger Stresssymptome. Sie sind geprägt von einer negativen Grundstimmung, von Mutlosigkeit und dem Gefühl, Opfer äußerer Umstände zu sein (Bandura, 1986; 1994; Seligman, 1986; Schwarzer, 1987).

Kasten 10: Modell der Selbstwirksamkeit nach Bandura (1994)

- Erleben eigener Wirksamkeit
- Kompetentes, zielorientiertes Handeln
- Vielfältige Möglichkeiten der Problembewältigung
- Überwinden von Misserfolgen
- Bewältigen von immer schwierigeren Problemen
- Selbstvertrauen und Selbstsicherheit

Personen, die Vertrauen in die eigene Handlungskompetenz entwickeln konnten, erleben ihre eigene Wirksamkeit durch kompetentes, zielorientiertes Handeln. Sie zeigen sich in der Lage, vielfältige Möglichkeiten der Problembewältigung zu entwickeln und Misserfolge zu überwinden. Dies führt zur Bewältigung von immer schwierigeren Problemen und zum Aufbau von Selbstvertrauen und Selbstsicherheit (vgl. Kasten 10).

2.1.3 Jugendpsychologie

Das Jugendalter wird als die Lebensphase beschrieben, die zwischen der Kindheit und dem Erwachsenenstatus liegt (Hurrelmann, 1999) und durch eigene Werte und Besonderheiten gekennzeichnet ist. Diese Zwischenposition impliziert, Verhaltensformen und Privilegien der Kindheit aufzugeben und neue Kompetenzen zu erwerben (Oerter & Dreher, 1998).

Viele Anforderungen und zu bewältigende Aufgaben kommen auf die Jugendlichen zu, und es werden ihnen viele unterschiedliche Fähigkeiten und Fertigkeiten abverlangt, um den Übergang in das Erwachsenenalter bewältigen zu können. Körperliche und sexuelle Veränderungen, soziale und schulische Belastungen, persönliche Zweifel und Versuchungen, die für diese Phase typisch sind, ängstigen, verwirren und deprimieren viele Jugendliche (Comer, 1995).

Der Begriff der Entwicklungsaufgaben ist bereits seit über 50 Jahren in der Entwicklungspsychologie bekannt und charakterisiert einen wesentlichen Aspekt der Lebensphase der Jugend (Havighurst, 1982; Hurrelmann, 1999). Danach kommen jeder Lebensphase eine Reihe von Aufgaben zu, die zu bewältigen sind, um den Übergang in die nachfolgende Phase zu schaffen. Der Übergang von einer Lebensphase in die andere ist durch die Übernahme von Rollen gekennzeichnet. Im Übrigen ist der Übergang fließend, variiert individuell und ist kulturabhängig. Abbildung 2 gibt einen Überblick über die Entwicklungsaufgaben von drei Lebensphasen und die jeweiligen Übergänge zwischen ihnen.

Manche Jugendliche scheitern an der Entwicklung und zeigen statt dessen Verhaltensauffälligkeiten, Verhaltensstörungen und psychische Störungen. Erst dann, wenn die Entwicklungsaufgaben einer Phase vollständig bewältigt wurden, gelingt der Übergang in die nächste Phase.

Die Entwicklung und der Aufbau sozialer Kompetenz (vgl. Kapitel 1) befähigt eine Person, sich in sozialen Interaktionen mit einzelnen oder mehreren Personen so zu verhalten, dass ein Maximum an positiven Konsequenzen erfolgt. Ein sozial kompetentes Verhalten bringt ein Minimum an negativen Konsequenzen mit sich und wird von der Umwelt positiv bewertet und akzeptiert. Die Entwicklung einer kognitiven und sozialen Kompetenz ist in dieser Entwicklungsphase gefordert, um sich selbstverantwortlich schulisch und beruflich zu qualifizieren, mit dem Ziel, sich eine selbständige Existenz als erwachsener Mensch aufbauen zu können.

Abbildung 2:   Entwicklungsaufgaben. In Anlehnung an Hurrelmann (1999)

Entwicklungsaufgaben					
Entwicklungsaufgaben des Kindes	*Übergang*	*Entwicklungsaufgaben des Jugendlichen*	*Übergang*	*Entwicklungsaufgaben des Erwachsenen*
Emotionales Grundvertrauen	Aufgaben selbständig bewältigen	Soziale Kompetenz	Berufsrolle	Ökonomische Selbstversorgung
Intellektuelle Fähigkeiten		Partnerfähigkeit und Geschlechtsidentität	Rolle als PartnerIn	Familie; Kinder versorgen
Motorische und sprachliche Fähigkeiten	Soziale Kontakte aufnehmen	Fähigkeit zu angemessenem Konsumverhalten	Kultur- und KonsumentInnenrolle	Teilnahme an Kultur und Konsum
Grundlegende soziale Kompetenzen		Normen und Wertesystem	Bürgerrolle	Teilnahme am öffentlichen Leben

Zu den Entwicklungsaufgaben gehört die Entwicklung einer Geschlechtsidentität und eines sozialen Bindungsverhaltens zu Gleichaltrigen. Eingeschlossen ist hier die Fähigkeit, eine sexuelle Partnerbeziehung aufzubauen.

Um einen eigenen Lebensstil entwickeln zu können, müssen Handlungsmuster für die Nutzung des Konsumwaren- und Freizeitmarktes gefunden werden. Ziel ist es, einen gesteuerten und bedürfnisorientierten Umgang mit dem Konsumangebot zu finden.

Zur Entwicklung eines Normen- und Wertesystems gehört ein ethisches und politisches Bewusstsein. Das Ziel ist die verantwortliche Übernahme von gesellschaftlichen Partizipationsrollen im kulturellen und politischen Raum (Hurrelmann, 1999). Die hier beschriebenen Entwicklungsaufgaben werden in Abbildung 2 zusammenfassend wiedergegeben.

Störungen des Sozialverhaltens und Entwicklung von Scheinkompetenzen
Vor diesem Hintergrund ist die Frage zu stellen, welche Störungen und Probleme in dem kritischen Lebensabschnitt Jugendalter auftreten, wenn aus unterschiedlichen Gründen wichtige Entwicklungsaufgaben nicht oder nicht vollständig bewältigt werden. Der Fokus ist hierbei auf die Störungen des Sozialverhaltens und Entwicklung von scheinbaren Handlungskompetenzen gerichtet.

Petermann und Petermann (2000a, 2000b) unterscheiden Störungen des Sozialverhaltens nach defizitären und exzessiven Verhaltensweisen. Unter defizitären Verhaltensweisen wird sozialer Rückzug verstanden, der langfristig zur Isolation des Jugendlichen führt. Diese Jugendlichen wirken kontaktscheu und schüchtern, zeigen initiativeloses Verhalten, haben ein geringes Aktivitätsniveau und erscheinen gleichgültig sich selbst und ihrer Umwelt gegenüber. Durch die zunehmende Isolation wird es für solche Jugendlichen schwierig, sich in sozialen Fertigkeiten zu üben und selbstwirksame Erfahrungen im Umgang mit anderen zu sammeln. Es kommt zu sozialer Unsicherheit, sozialem Rückzug und Apathie.

Typische exzessive Verhaltensweisen stellen Aggression und Delinquenz in Form von Vandalismus, Diebstahl und Körperverletzung (Meier & Tillmann, 1995) dar. Hierbei bildet ein besonderes Phänomen die zunehmende Gewalt an Schulen, die sich in unterschiedlichen Formen zeigt. Sie reicht von verbaler und nonverbaler Aggression über Gewalt gegen MitschülerInnen und Vandalismus bis zu Gewalt gegen LehrerInnen. Hier beschäftigt sich die Forschung zu Aggression und Gewalt an Schulen bisher mit offenen Verhaltensweisen (schubsen, beschimpfen, prügeln). Seit wenigen Jahren wird die verdeckte, indirekte Form von Aggression berücksichtigt, die auch als soziale oder relationale Aggression bezeichnet wird (Jugert, Scheithauer, Notz & Petermann, 2000). Relationale Aggression wird als ein Verhalten definiert, das die Beziehungen zu Gleichaltrigen oder die Gefühle der sozialen Zugehörigkeit und Akzeptanz zu beschädigen sucht. Dazu gehören Intrigen, Mobbing und Gerüchte. Auch diese

Form der Aggression geht mit bedeutsamen psychosozialen Beeinträchtigungen für das Opfer und den Aggressor einher.

Abbildung 3: **Kreislaufmodell aggressiven Verhaltens. In Anlehnung an Olweus (1996).**

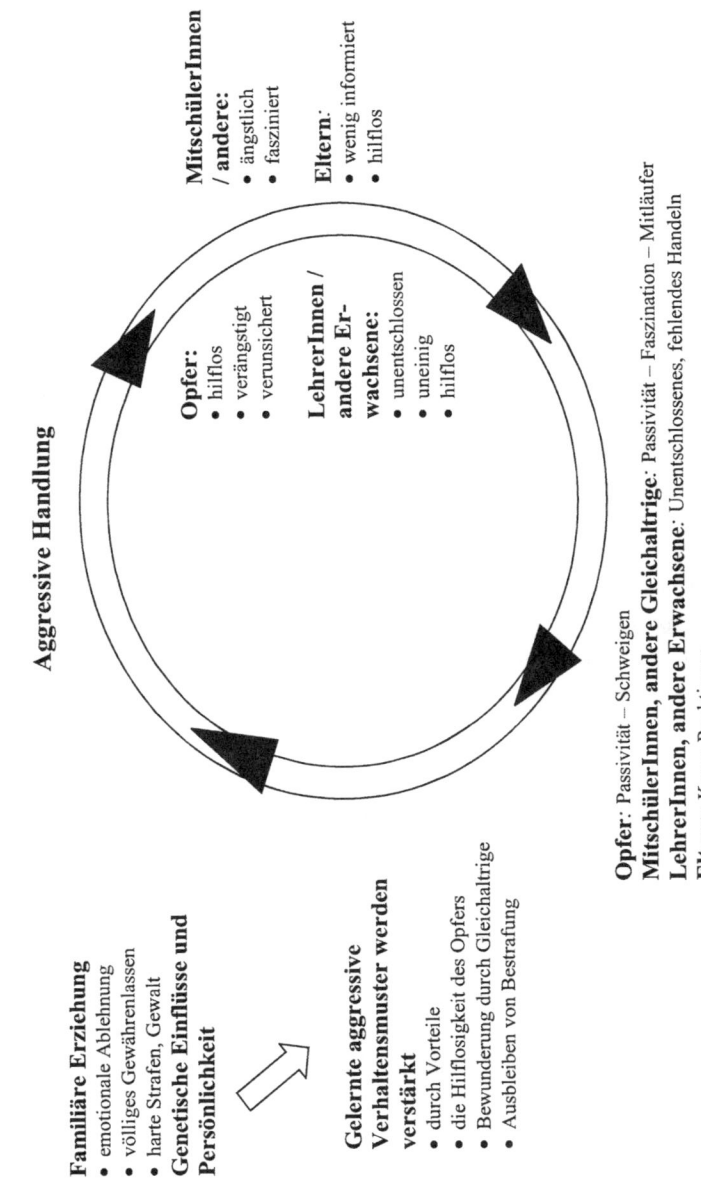

Kreislaufmodell der Aggression

Aggressive Handlung

Opfer:
- hilflos
- verängstigt
- verunsichert

LehrerInnen / andere Erwachsene:
- unentschlossen
- uneinig
- hilflos

MitschülerInnen / andere:
- ängstlich
- fasziniert

Eltern:
- wenig informiert
- hilflos

Familiäre Erziehung
- emotionale Ablehnung
- völliges Gewährenlassen
- harte Strafen, Gewalt

Genetische Einflüsse und Persönlichkeit

Gelernte aggressive Verhaltensmuster werden verstärkt
- durch Vorteile
- die Hilflosigkeit des Opfers
- Bewunderung durch Gleichaltrige
- Ausbleiben von Bestrafung

Opfer: Passivität – Schweigen
MitschülerInnen, andere Gleichaltrige: Passivität – Faszination – Mitläufer
LehrerInnen, andere Erwachsene: Unentschlossenes, fehlendes Handeln
Eltern: Kaum Reaktionen

39

Zu den Entstehungsbedingungen aggressiven Verhaltens gehören familiäre Einflüsse ebenso wie genetische und persönlichkeitsspezifische (Scheithauer & Petermann, 2000). Aggressive Handlungen werden außer durch einen eventuellen materiellen Gewinn im Wesentlichen durch die Reaktionen der Gleichaltrigen, der Erwachsenen (LehrerInnen, Autoritätspersonen, Eltern und andere) und der Opfer selbst verstärkt. Mit anderen Worten: Die gelernten Verhaltensmuster werden durch Vorteile, durch die Hilflosigkeit des Opfers, durch Passivität der Erwachsenen und durch die Bewunderung eines Teils der Gleichaltrigen verstärkt. Dieser Teufelskreislauf der Aggression trägt dazu bei, in Institutionen, aber auch in der Öffentlichkeit das Ausmaß an Aggression und Gewalt aufrecht zu erhalten und zu steigern. In Anlehnung an Olweus (1996) wird dieser Kreislauf in Abbildung 2 wiedergegeben.

Sozial unsicheres und aggressives Verhalten lässt sich nach Petermann und Petermann (2000a) unter dem Begriff der Scheinkompetenzen subsumieren. Hiernach entwickeln Jugendliche scheinbare Kompetenzen, wenn es ihnen im Laufe ihrer Entwicklung nicht gelingt, wichtige Entwicklungsaufgaben zu bewältigen.

Am Beispiel von delinquentem Verhalten lässt sich die Entwicklung von Scheinkompetenzen verdeutlichen. Jugendliche, die in den Bereichen Schule und Ausbildung wenig Erfolge und Bestätigungen erfahren haben, verlagern ihr Handeln häufig in andere Bereiche, in denen ihnen Erfolge und Anerkennung sicher sind. Ein gelungener Drogendeal kann für sie einen Erfolg darstellen, da sie neben dem materiellen Gewinn durch die soziale Anerkennung ihres Umfeldes positiv verstärkt werden.

In Anlehnung an Petermann und Petermann (2000a) sind die in Kasten 11 aufgeführten Scheinkompetenzen Ausdruck misslungener Bewältigung von Entwicklungsaufgaben des Jugendalters.

**Kasten 11: Scheinkompetenzen als Ausdruck misslungener
Bewältigung von Entwicklungsaufgaben
nach Petermann und Petermann (2000a)**

- Aggression
- Delinquenz
- Soziale Unsicherheit, sozialer Rückzug, Apathie
- Alkohol-, Drogen- und Medikamentenabhängigkeit
- Engagement in der Subkultur (Jugendsekte, Jugendbande, Extremismus)
- Verweigerungsverhalten (Schulverweigerung, Aussteiger)
- Extremes Essverhalten (Adipositas, Anorexia nervosa, Bulemia nervosa)

2.2 Zielgruppen

Die Zielgruppe des FIT FOR LIFE-Trainings sind Jugendliche und junge Erwachsene, die aus unterschiedlichen Gründen als sozial benachteiligt bezeichnet werden. Der Jugendsoziologe Hurrelmann (1999) benennt unter diesem Aspekt folgende *sozial benachteiligte Gruppen*:

- AbsolventInnen der Sonderschule,
- Jugendliche ohne Hauptschulabschluss,
- Jugendliche, die eine Lehre abgebrochen haben,
- ausländische Jugendliche/ Aus- und Übersiedler,
- MigrantInnen.

Dieser genannte Personenkreis hat es besonders schwer, sich in der Gesellschaft eine berufliche Perspektive zu erarbeiten und ein eigenständiges und selbstbestimmtes Leben zu führen. Neben einer qualifizierten Schulbildung sind im Beruf immer mehr soziale Handlungskompetenzen, wie Teamarbeit, Kooperation und konstruktives Konfliktverhalten gefragt. Daher sind besonders solche Jugendliche betroffen und benachteiligt, die ein Defizit in ihrem Repertoire sozialer Fähigkeiten und Fertigkeiten aufweisen. Der Umgang mit Konflikten, motiviertes Arbeiten und Lernen, Konzentration und Ausdauer und ein angemessenes Kommunikationsverhalten sind wichtige Schlüsselqualifikationen für die erfolgreiche Bewältigung gesellschaftlicher und beruflicher Anforderungen. Fehlen diese sozialen Kompetenzen und beruflichen Schlüsselqualifikationen, wird der Eintritt ins Berufsleben erschwert oder verhindert. In der Folge entsteht gesellschaftliche Ausgrenzung. Das Erlernen und Ergreifen eines Berufes mit dem Ziel der ökonomischen Selbstversorgung stellt jedoch nach Hurrelmann (1999) eines der Entwicklungsaufgaben im Jugendalter dar.

Gelingt die berufliche Integration nicht, ist davon auszugehen, dass auch andere Entwicklungsaufgaben nicht erfolgreich gemeistert werden. Darunter ist unter anderem die Ablösung vom Elternhaus zu verstehen, der Aufbau von Freundschaften, die Übernahme von erwachsenen Verhaltensweisen, wie Gründung einer Familie und die Teilnahme am öffentlichen Leben (vgl. Kapitel 2.1.3).

Das übergeordnete und wichtigste Ziel des vorliegenden Trainingsprogramms ist, neben der Förderung der sozialen Kompetenzen und beruflichen Schlüsselqualifikationen, die persönliche Entwicklung jedes einzelnen Jugendlichen und seine gesellschaftliche Integration zu unterstützen.

Das FIT FOR LIFE-Training ist ein präventives Programm, das so konzipiert ist, dass ein breites Spektrum von Jugendlichen und jungen Erwachsenen davon profitieren kann. Es ist *nicht* darauf ausgelegt, bereits vorhandene Verhaltensauffälligkeiten individuell zu therapieren. Dies bleibt weiterhin Aufgabe von speziell dafür ausgebildeten TherapeutInnen.

Der Einsatz des Programms ist überall dort möglich, wo Jugendliche mit Schwierigkeiten im Bereich der sozialen Kompetenz und der beruflichen Schlüsselqualifikationen gefördert werden sollen.

Das vorliegende Kompetenztraining ist unseres Erachtens mit gewissen Modifikationen auch geeignet, die soziale Kompetenz bei jungen StraftäterInnen zu fördern. Gerade bei diesem Personenkreis ist es notwendig, soziale Kompetenzen und Selbstwirksamkeitsüberzeugungen zu entwickeln, damit sie die Scheinkompetenzen abbauen und schwierige Situationen zielorientiert überwinden lernen (Loeber & Farrington, 1998).

2.3 Ziele

Das FIT FOR LIFE-Training verfolgt Ziele auf unterschiedlichen Ebenen. Ein übergeordnetes Ziel ist die berufliche und gesellschaftliche Integration von Jugendlichen durch die Vermittlung sozialer Kompetenz und beruflicher Schlüsselqualifikationen.

In Anlehnung an das Selbstwirksamkeitskonzept von Bandura (1994) streben Menschen danach, eigene Wirksamkeit zu erfahren. Dadurch wird es möglich, sich an immer schwierigere Probleme heranzuwagen und durch deren Bewältigung ein höheres Selbstvertrauen zu entwickeln (Petermann & Petermann, 2000a). Machen Jugendliche die Erfahrung, dass das eigene Handeln zu beabsichtigten Resultaten und Konsequenzen führt, dann wirkt dies verstärkend und führt zu einem höheren Selbstvertrauen.

Sozial benachteiligte Jugendliche haben wenige Erfolge erlebt. Sie haben nicht gelernt, die Folgen ihrer Handlungen auf das eigene Handeln zu beziehen und neigen dazu, ihre eigene Selbstwirksamkeit anzuzweifeln. Ein wesentliches Ziel ist es daher, die eigene Selbstwirksamkeit zu erleben, die Erwartung der Selbstwirksamkeit als Kompetenz zu entwickeln, um schließlich auch Misserfolge als positive Herausforderung zu empfinden.

Vor diesem theoretischen Hintergrund und unter Berücksichtigung der beruflichen Schlüsselqualifikationen wurden die folgenden inhaltlichen *Ziele des FIT FOR LIFE-Trainings* entwickelt:

- Aufmerksamkeit und Ausdauer
- Lern- und Leistungsmotivation
- Selbst- und Fremdwahrnehmung
- Stabiles Selbstbild
- Selbstkontrolle und Selbststeuerung
- Sorgsames Umgehen mit dem eigenen Körper
- Erkennen und Ausdrücken von Gefühlen
- Einfühlungsvermögen (Empathie, Perspektivenübernahme)
- Kommunikation
- Kooperation

- Entscheidung und Planung (Beruf, Leben, Zukunft)
- Annehmen von Lob und Kritik
- Überwinden von Misserfolgen
- Rationales (gewaltfreies) Verhalten in Konflikten

Aufmerksamkeit und Ausdauer
Bei der Aufmerksamkeit spielen physiologische, emotionale, motivationale und kognitive Prozesse eine Rolle, die jede Tätigkeit eines Menschen steuern. In der sozial-kognitiven Lerntheorie ist es der erste der vier Prozesse, die für soziales Lernen nötig sind (Sturm & Zimmermann, 2000). Ein Aspekt der Ausdauer hängt mit der Aufmerksamkeit zusammen: Die Vigilanz oder Daueraufmerksamkeit steht für die Aufrechterhaltung der fokussierten Aufmerksamkeit. Diese für eine bestimmte Sache willentlich aufrecht zu erhalten, ist die Voraussetzung dafür, eine Aufgabe ausdauernd zu verfolgen. Die beiden Fähigkeiten sind wesentliche berufliche Schlüsselqualifikationen, um Fertigkeiten erlernen und ausüben zu können, wie sie in der Berufsausbildung und im Beruf gefordert werden. Aufmerksames und ausdauerndes Arbeiten wird in jedem Beruf erwartet. Nur diese Fähigkeiten helfen, eine angefangene Aufgabe auch zu beenden. Da Zweifel an den eigenen Fähigkeiten die Aufmerksamkeit und Ausdauer behindern, müssen sie durch angemessenes Feedback (vgl. Kapitel 2.5.2) abgebaut werden. Die Jugendlichen sollen lernen, sich selber zu motivieren, zu verstärken und ihr eigenes Verhalten zu kontrollieren.

Lern- und Leistungsmotivation
Durch den Aufbau von Vertrauen sollen die Jugendlichen zu kooperativem Verhalten veranlasst werden. Über diesen Prozess soll die Lern- und Leistungsmotivation der Jugendlichen gesteigert werden. Dafür ist es wichtig, dass sie ihre eigenen Stärken, Schwächen und Ressourcen kennen lernen. Durch gezielte Rückmeldung und Verstärkung sollen sie erfahren, dass ein direkter Zusammenhang zwischen ihrer Lern- und Leistungsmotivation und ihren Erfolgen und Misserfolgen besteht. Dadurch werden sie angeleitet, eigenverantwortlich zu handeln und ihre Leistungsfähigkeit realistisch einzuschätzen.

Selbst- und Fremdwahrnehmung
Manche Jugendliche haben eine verzerrte Selbst- und Fremdwahrnehmung. Sie über- oder unterfordern sich und wissen häufig nicht, wie sie von ihren Mitmenschen eingeschätzt werden; dies basiert zum Teil auf entwicklungsbedingtem, kognitivem Egozentrismus (vgl. Oerter & Montada, 1998). Eine realistische und angemessene Selbst- und Fremdwahrnehmung ist jedoch Voraussetzung für sozial kompetentes Verhalten, wie es sich aus dem Modell der sozial-kognitiven Informationsverarbeitung ableitet (vgl. Kapitel 2.1.1). Ein weiterer Schwerpunkt dieses Trainingsziels liegt in dem besseren Erkennen nonverbaler Kommunikationsabläufe. Hierzu zählt das Interpretieren von Körpersprache und parasprachlicher Signale. Dies spielt innerhalb jeder sozialen Interaktion

eine wesentliche Rolle, ist jedoch vielen Jugendlichen weder bewusst noch bekannt.

Stabiles Selbstbild

Das Training soll den Jugendlichen helfen, ein stabiles Selbstbild zu entwickeln. Das Selbstbild beinhaltet das gesamte Wissen über die eigene Person und wird als Selbstkonzept oder Selbstschema bezeichnet (Petermann & Petermann, 2000b). Es beinhaltet auch die Einschätzung der eigenen Leistungsfähigkeit und das Bewusstsein, im Sinne der Selbstwirksamkeit nach Bandura (1994), Kontrolle ausüben zu können. Dies schließt die Gefühle ein, die eine Person sich selbst gegenüber hat. Das Selbstbild entwickelt sich sowohl durch die Wahrnehmung der eigenen Erlebnisse und des eigenen Handelns, als auch durch die Beurteilung anderer. Durch gezielte Übungen wird angestrebt, dass eine bewusste Auseinandersetzung mit dem Selbstbild und der Selbstwahrnehmung stattfindet und diese in Bezug auf andere überprüft werden kann. Durch gezieltes Feedback werden die Jugendlichen angeleitet, sich selber mit ihren Stärken und Schwächen anzunehmen und sich grundsätzlich wertzuschätzen. Sie lernen, ihre Fähigkeiten, Bedürfnisse, Lebensziele und Handlungsmöglichkeiten einzuschätzen, um eine verbesserte Selbstwahrnehmung zu entwickeln. Durch das Erarbeiten der eigenen Stärken und Schwächen soll erreicht werden, dass die Jugendlichen ihre persönlichen und beruflichen Ziele formulieren können und die Umsetzung kritisch hinterfragen, um zu einer realistischen Lebensgestaltung zu gelangen.

Selbstkontrolle und Selbststeuerung

Zeigt eine Person ohne externe Kontrolle und ohne äußeren Druck vermehrt erwünschtes Verhalten, das vorher eine geringere Auftretenswahrscheinlichkeit hatte, wird dies als Selbstkontrolle bezeichnet (Kanfer, Reinecker & Schmelzer, 2000). Durch das Erlernen von Selbstkontrolle und Selbststeuerung werden die Jugendlichen unterstützt, die im Training neu erlernten Verhaltensweisen langfristig zu stabilisieren und in ihr Verhaltensrepertoire aufzunehmen. Hierzu werden die Jugendlichen angehalten, die Ursachen für ihr Verhalten einzuschätzen, sich selber kritisch zu beobachten, und auf ausschließlich externe Ursachenerklärungen zu verzichten. Ziel ist es, durch das Erlernen von Selbstkontrolltechniken, zum Beispiel in Form von Selbstverbalisation, die Selbststeuerung zu verbessern.

Sorgsames Umgehen mit dem eigenen Körper

Die Jugendlichen sollen lernen, dass es einen Zusammenhang zwischen dem körperlichen und psychischen Wohlbefinden und der geistigen Leistungsfähigkeit gibt, wofür unter anderem eine ausgewogene Ernährung und eine gesunde und bewusste Lebensführung notwendig ist. Hierzu zählen ausreichend Schlaf, Sport und ein angemessener Umgang mit Alkohol, sowie der Verzicht auf eindeutig körperschädigende Substanzen wie Nikotin und andere Drogen. Ein Ziel ist es, sich gemeinsam über Ernährungs- und Lebensgewohnheiten mit anderen auszutauschen und schlechte Gewohnheiten zu überdenken.

Erkennen und Ausdrücken von Gefühlen

Eine differenzierte Wahrnehmung und Interpretation eigener und fremder Gefühle stellt ein weiteres Trainingsziel dar. Nach dem Modell der sozial-kognitiven Informationsverarbeitung hängt das Dekodieren der Gefühle der InteraktionspartnerIn von den eigenen Gefühlen, Erwartungen und Einstellungen ab. Die eigenen Handlungen sind weitgehend bestimmt von der kognitiven Repräsentation und dem Eindruck einer Person, der aufgrund von Informationsverarbeitungsprozessen entsteht. Vorgetäuschte oder verleugnete Gefühle können zu unangemessenen Reaktionen beitragen, wie sie zum Beispiel bei angstmotivierten aggressiven Personen zu beobachten sind. Vordringlich ist es daher, mit den Jugendlichen eine differenzierte Wahrnehmung und Interpretation eigener und fremder Gefühle zu erarbeiten. Hierbei geht es auch um das Erkennen von nonverbalen Körpersignalen, die Auskunft über den inneren Zustand einer Person geben. Die Jugendlichen lernen, dass sich Gefühle am Gesichtsausdruck, an der Sprache, der Körperhaltung und der Bewegung sowie an der Handlung erkennen lassen. Es wird verdeutlicht, dass Missverständnisse und unangemessene Reaktionen mit vorgetäuschten und/oder verleugneten Gefühlen im Zusammenhang stehen.

Einfühlungsvermögen

Ein weiteres Ziel ist das Einüben und Festigen von Einfühlungsvermögen, da dies einer hohen Selbstbezogenheit und einem aggressiven Konkurrenzverhalten entgegenwirkt (Petermann & Petermann, 2000d). Dabei geht es um die Fähigkeit, sich in eine andere Person so hineinzuversetzen, dass, unabhängig von der eigenen Perspektive, Standpunkte und Sichtweisen der anderen Person vorstellbar werden. Um Einfühlungsvermögen entwickeln zu können, wird die Fähigkeit zur Rollenübernahme im Rollenspiel trainiert. Dadurch soll erreicht werden, dass unangemessenes Verhalten gehemmt wird, da die Jugendlichen angehalten werden, Gefühle und Bedürfnisse anderer wahrzunehmen, zu berücksichtigen und zu akzeptieren.

Kommunikation

Sozial kompetentes Verhalten zeigt sich vor allem in der kommunikativen Kompetenz. Es wird vermittelt, dass Kommunikation mehr beinhaltet, als das gesprochene Wort, sondern dass auch nonverbale Signale zur Kommunikation gehören. Im Sinne einer angemessenen Selbstbehauptung wird das Formulieren der eigenen Gefühle und Wünsche eingeübt, damit die Jugendlichen Verständnis und Akzeptanz bei anderen erreichen können. Eine der kommunikativen Fertigkeiten, die die Jugendlichen erlernen, ist gut zuhören. Eine weitere Fähigkeit besteht darin, wertschätzende Urteile über die eigene Person zu erkennen und anzunehmen.

Kooperation

Um bei Handlungsentscheidungen das Verhalten herauszufiltern, das den größten Nutzen und den geringsten Schaden für alle Beteiligten bietet, ist kooperatives Verhalten notwendig. Nach Petermann und Petermann (2000d) schließen sich aggressives und kooperatives Verhalten gegenseitig aus. Das Training soll Jugendliche in die Lage versetzen, durch konstruktive Zusammenarbeit ein gemeinsames Ziel zu erreichen. Dafür ist es notwendig, eigene Ideen, Interessen und Bedürfnisse angemessen zu verbalisieren und kompromissbereit auf die Bedürfnisse der anderen einzugehen. Ebenso wichtig ist es, sich anderen gegenüber geduldig und rücksichtsvoll zu verhalten, Hilfe anzunehmen und zu gewähren.

Entscheidung und Planung (Beruf, Leben, Zukunft)

Ein wichtiger Baustein der sozialen Kompetenz stellt die Gestaltung und Planung des eigenen Lebens dar. Erwartungen, Ziele und Wünsche müssen erkannt und weiterentwickelt werden. Hierzu müssen die einzelnen Ziele in Fern- und Nahziele zerlegt werden, damit eine konkrete Umsetzung erfolgen kann. Die Planungskompetenz ist mit der sozialen Kompetenz in der Weise verknüpft, dass sich individuelle Ziele und Pläne nie isoliert verwirklichen lassen, sondern nur in Kooperation mit anderen Menschen. Im Hinblick auf die beschriebenen Entwicklungsaufgaben (vgl. Kapitel 2.1.3) steht die Planung der eigenen beruflichen Zukunft und die allgemeine Lebensplanung im Vordergrund.

Annehmen von Lob und Kritik, Überwinden von Misserfolgen

Das Erlernen des Umgangs mit Lob und Kritik in sozialen Situationen ist ein weiteres Trainingsziel und gilt nach Petermann und Petermann (2000a) als das schwierigste. Die Jugendlichen sollen lernen, dass positive Rückmeldungen und soziale Anerkennung nicht zu Verlegenheit führen, sondern das Selbstwertgefühl steigern. Auf der anderen Seite soll die Frustrationstoleranz gegenüber berechtigter und unberechtigter Kritik verbessert werden, und die Jugendlichen sollen verstehen, dass ein angemessenes positives oder negatives Feedback immer eine Chance zur Weiterentwicklung darstellt. Nach dem Konzept der Selbstwirksamkeit (vgl. Kapitel 2.1.2) wird vermittelt, dass Erfolge und Misserfolge eigenverantwortlich zu bewerten sind.

Rationales (gewaltfreies) Verhalten in Konflikten

Ziel ist es, den Jugendlichen einen konstruktiven Umgang mit Konflikten zu vermitteln und zu verdeutlichen, dass Konflikte zum Leben gehören. Sie lernen, dass Konflikte nicht nur negativ einzustufen sind, sondern auch dazu beitragen, sich besser kennen zu lernen und ein Zusammenleben möglich zu machen. Die Jugendlichen lernen, was sich hinter einem Konflikt verbirgt (Gefühle, Bedürfnisse und Interessen) und dass dieser Hintergrund den Verlauf eines Konfliktes bestimmt. Ungelöste Konflikte führen zur Eskalation und unterbrechen eine funktionierende Kommunikation. Schließlich sollen die Jugendlichen Strategien zur Konfliktbewältigung kennen lernen und anwenden.

Zusammenfassung

Die Ziele des Kompetenztrainings FIT FOR LIFE sind zum einen von den theoretischen Grundlagen abgeleitet und zum anderen aus der Analyse der geforderten beruflichen Schlüsselqualifikationen. Sie decken ein breites Spektrum von individuellen Fähigkeiten und Fertigkeiten ab, die benötigt werden, um sich in unterschiedlichen Kontexten und Situationen sozial kompetent zu verhalten.

2.4 Trainingsmethoden

Viele benachteiligte Jugendliche zeigen wenig Interesse am Lernen. Dies basiert in der Regel auf ihren schlechten Erfahrungen im Lern- und Leistungsbereich. Ihre Schullaufbahn ist häufig von Misserfolgen gekennzeichnet; sie zeigen wenig Motivation und Interesse, sich mit neuen Lerninhalten auseinander zu setzen. Aus diesem bekannten Grund wurde bei der Konzeption des Trainings FIT FOR LIFE, soweit wie möglich, auf schulübliche Methoden wie Frontalunterricht und Wissensabfrage verzichtet. Die TeilnehmerInnen[3] des Trainings werden nicht zensiert sondern qualifiziert.

Bei den im Training angewandten Verfahren handelt es sich um lerntheoretisch fundierte Methoden, die im Folgenden vorgestellt werden. Ein besonderes Augenmerk wird dabei auf Struktur und Transparenz, Methodenvielfalt und Mitbestimmung gelegt. Das Verhalten der TrainerInnen ist von besonderer Bedeutung und wird in Kapitel 2.5 gesondert dargestellt.

2.4.1 Strukturiertes Rollenspiel und Verhaltensübung

Das strukturierte Rollenspiel ist die zentrale Methode, um neue Verhaltensweisen im geschützten Rahmen risikofrei einüben zu können. Die Jugendlichen sollen im Rollenspiel lernen, Probleme zu artikulieren und zu durchdenken, sowie komplexes Sozialverhalten direkt einzuüben, zu modifizieren und zu festigen.

Ziel ist es, die Handlungskompetenzen der Jugendlichen zu erweitern und dadurch zugleich ihre Selbstsicherheit zu erhöhen. Durch die gezielte und differenzierte Rückmeldung zu dem gezeigten Verhalten stellt das strukturierte Rollenspiel ein hochwirksames Mittel zur Verhaltensmodifikation dar. Anhand der motorischen Reproduktion (Bandura, 1986), also der Ausführung von sozial angemessenen Handlungsmustern und Interaktionsformen, lernen die Jugendlichen, sozial kompetentes Verhalten in unterschiedlichen Anforderungssituationen umzusetzen. So gelingt es ihnen, das neue Verhalten langfristig in ihr Verhaltensrepertoire zu übernehmen.

Das Rollenspiel ermöglicht die Entwicklung unterschiedlicher Lösungsstrategien und die Unterscheidung zwischen angemessenem und unangemessenem Verhal-

---

3 Als TeilnehmerInnen bezeichnen wir die Jugendlichen, die an dem Kompetenztraining FIT FOR LIFE teilnehmen.

ten. Im Rollenspiel werden die Jugendlichen mit sozialen Regeln und Verhaltensweisen konfrontiert, es werden ihnen Einfühlungsvermögen und Selbstkontrolle abgefordert.

Beim strukturierten Rollenspiel werden Themen, Zielverhalten, Rollenverteilung und Auswertungsmethoden durch die TrainerIn vorgegeben. Das strukturierte Rollenspiel (vgl. auch Günther & Sperber, 1995) unterscheidet zwischen einer Vorbereitungs-, Durchführungs- und Auswertungsphase.

In der *Vorbereitungsphase* wird das Zielverhalten mit den Jugendlichen erarbeitet, und es erfolgt eine Rollenverteilung mit genauer Definition von Ort, Zeit und Handlung. Gemeinsam werden Überlegungen angestellt, welche Requisiten benötigt werden, um eine soziale Situation so realistisch wie möglich nachzuspielen. Je genauer und realistischer die Rahmenbedingungen geschaffen werden, desto leichter fällt es, sich in die Rolle hineinzuversetzen (Großmann, 1996).

Viele Jugendliche haben Ängste und Vorbehalte, an einem Rollenspiel teilzunehmen, besonders dann, wenn die Szenen mit der Videokamera aufgezeichnet werden. Diese Ängste und Vorbehalte müssen von der TrainerIn ernst genommen und im Training thematisiert werden. Als hilfreich hat es sich erwiesen, wenn die TrainerIn exemplarisch an einem Rollenspiel aktiv teilnimmt, um den Jugendlichen den Ablauf zu verdeutlichen und um Ängste zu reduzieren.

In der *Durchführungsphase* wird die soziale Situation von den Beteiligten durchgespielt, wie es die Rollenanweisung vorsieht. Um sich im Perspektivenwechsel zu üben, erfolgt in dieser Phase auch ein Rollentausch mit dem Ziel, die Selbst- und Fremdwahrnehmung, sowie das Verständnis für die InteraktionspartnerInnen zu verbessern.

In der darauf folgenden Auswertung erfolgt eine differenzierte Rückmeldung darüber, ob das angestrebte Verhalten realisiert wurde. Da ihre emotionale Anspannung in dieser Phase besonders hoch ist, sollen zunächst die RollenspielpartnerInnen ihre Gedanken und Gefühle, die sie während des Rollenspiels hatten, äußern.

Zur Schulung der Selbst- und Fremdwahrnehmung und zur Überprüfung, ob das anzustrebende Verhalten gezeigt wurde, kommt eine Einschätzung über das eigene Verhalten hinzu. Anschließend erfolgt ein Feedback (vgl. Kapitel 2.5.2) durch die Gruppenmitglieder und die TrainerIn. Verhaltensalternativen sollen durch Wiederholung des Rollenspiels eingeübt werden.

Im Anschluss an das Rollenspiel erfolgt die *Auswertungsphase*, in der die Trainingssitzung auf verschiedenen Ebenen reflektiert wird:

- Emotionale Ebene,
- kognitive Umstrukturierung,
- Transfer in andere Lebensbereiche.

Während der Arbeitsphase können bei den Jugendlichen *Gefühle* unterschiedlicher Art und Intensität entstehen, wie Wut, Ärger oder Freude. Diese sind mit einem mehr oder weniger großen Erregungsniveau verbunden und beeinflussen das Denken und Handeln (Stavemann, 1999). Ein zu hohes Erregungsniveau verhindert ein konzentriertes und aufmerksames Arbeiten. Um das Erregungsniveau zu senken und Aufmerksamkeit wieder herzustellen, wird den Jugendlichen Gelegenheit zu emotionalen Äußerungen über die Arbeitsphase gegeben.

Fragen nach der *kognitiven Umstrukturierung* regen eine Reflexion über das Gelernte an. Erneut wird ein Bezug zu den Inhalten der Arbeitsphase hergestellt, und die Jugendlichen werden angeleitet, über Lerninhalte, neue Erkenntnisse und Verhaltensweisen zu reflektieren.

Eine besondere Bedeutung kommt der Reflexion des *Transfers* zu. Die Jugendlichen werden aufgefordert, die erarbeiteten Lösungsmöglichkeiten auf ihre realen Lebenssituationen zu übertragen. Damit soll erreicht werden, dass das neu erworbene Verhalten auch in andere Lebensbereiche (Familie, Freizeit, Schule) übertragen wird (Klippert, 1999; Petermann, Jugert, Rehder, Tänzer & Verbeek, 1999).

Eine Methode, die in einem engen Zusammenhang mit dem Rollenspiel steht, ist die Verhaltensübung in der Realsituation einschließlich der Anleitung zur Selbstbeobachtung und Verhaltenskontrolle. Die Übung knüpft häufig an das Rollenspiel an, wenn die TeilnehmerIn angeleitet wird, das im Rollenspiel neu gezeigte Verhalten auch im Alltag anzuwenden. Hierbei wird die TeilnehmerIn methodisch beraten, mit Hilfe des Beobachtungsbogens ihr Verhalten im Alltag unter dem jeweiligen Aspekt zu kontrollieren (vgl. Hautzinger, 2000; Kanfer et al., 2000). Im Unterschied zur Verhaltensübung in der Realsituation stellt die Verhaltensübung im Training die Möglichkeit dar, bestimmte Fertigkeiten, die für komplexere soziale Handlungen benötigt werden, im Sinne von Teilhandlungen zu üben (Bandura, 1986).

Zum Umgang mit der Videotechnik
Viele Menschen haben Vorbehalte und Ängste gegenüber Videoaufzeichnungen. Ganz besonders trifft dies für Jugendliche zu, die in hohem Maße auf ihre äußere Erscheinung fixiert sind. Die TrainerIn ist hier gefragt, behutsam und dennoch bestimmt die Jugendlichen an das Arbeiten mit der Videokamera zu gewöhnen. Die TrainerIn begründet dies damit, dass kein Feedback über Verhalten so wirksam ist, wie die objektive audiovisuelle Rückmeldung durch das Videogerät (Jugert et al., 2001). Zur Angstreduktion und Motivation empfiehlt es sich, dass die Jugendlichen eigene kleine Filme drehen, um sich mit der Kamera vertraut zu machen. Das einfachste Mittel ist das Angebot, dass die Jugendlichen im Training abwechselnd die Videokamera führen können.

2.4.2 Verhaltensregeln

Eines der grundlegenden Ziele des FIT FOR LIFE-Trainings ist es, neue angemessene und prosoziale Verhaltensweisen bei den Jugendlichen aufzubauen. Eine Methode, dieses Ziel zu erreichen, besteht darin, Verhaltensregeln zu entwickeln oder vorzugeben und ihre Einhaltung zu kontrollieren. Bei der Vereinbarung sozialer Regeln wird abgesprochen, welches Verhalten in einer Gruppe als angemessen gelten soll. Regeln stellen eine Grundbedingung für ein relativ konfliktfreies Miteinander dar und sind hilfreich beim Lösen von Konflikten. Ein weiterer Vorteil von Verhaltensregeln besteht darin, dass Gruppen, die an einem gemeinsamen Ziel arbeiten, dies leichter und reibungsloser erreichen, wenn sich alle Beteiligten an die Vereinbarungen halten. Damit die erarbeiteten Regeln von allen akzeptiert werden, sollen sie die Bedürfnisse der gesamten Gruppe widerspiegeln.

Die Regeln werden vorgegeben oder mit den Jugendlichen erarbeitet. Grundsätzlich ist davon auszugehen, dass Regeln besser akzeptiert werden, wenn die Gruppe an der Entwicklung aktiv beteiligt ist. Dies schafft ein Gefühl der Zugehörigkeit und der Eigenverantwortung und führt zum besseren Einhalten der Regeln.

Zur Entwicklung von Verhaltensregeln gehört die Begründung ihrer Notwendigkeit. Es ist wichtig, sich über die Konsequenzen zu verständigen, die bei der Einhaltung oder bei Verstößen erfolgen sollen. Nach Petermann et al. (1999) zeigen äußere Verstärkungen bei sozialen Kompetenztrainings langfristig keine Erfolge. Vielmehr sollen die Jugendlichen angehalten werden, sich selbst zu verstärken. Durch den Umgang mit Verhaltensregeln wird die Selbststeuerung und Selbstkontrolle gefördert. Das Erleben, Verhalten willentlich lenken zu können, lässt zunehmend das Gefühl von Selbstwirksamkeit (vgl. Kapitel 2.1.2) entstehen, eines der wichtigsten Bausteine zur Entwicklung sozialer Kompetenz.

Man unterscheidet zwischen Gruppenregeln und persönlichen Regeln. Während Gruppenregeln verbindlich für die gesamte Gruppe gelten, beziehen sich persönliche Regeln auf eine einzelne Person.

Persönliche Regeln setzen an Verhaltensweisen an, die eine Person verändern muss, weil sie sozial kompetentem Verhalten entgegenstehen. Persönliche Regeln können konkret über folgende Fragen entwickelt werden:

- Was ärgert dich an deinem Verhalten in der Gruppe am meisten?
- Welches eigene, persönliche Verhalten hat dir bisher in Gruppen am meisten geschadet?
- Zeigst du Verhaltensweisen in der Gruppe, die du ändern möchtest?

Ist eine persönliche Regel erarbeitet, wird diese schriftlich festgehalten und regelmäßig am Ende des Trainings von der TrainerIn und der TeilnehmerIn auf ihre Einhaltung hin überprüft. Bei der Formulierung soll auf folgende Merkmale geachtet werden:

- Die Regel soll, wenn irgend möglich, positiv formuliert sein.
- Die Regel soll sich auf ein beobachtbares Verhalten beziehen.
- Die Regel soll einfach und verständlich formuliert sein.
- Die Regel soll leicht umsetzbar sein.
- Die Zeit für die Einübung der Regel soll begrenzt sein.

Gruppenregeln können von der TrainerIn vorgegeben oder mit der Gruppe zusammen erarbeitet werden und sollen die gleichen Merkmale wie die persönlichen Regeln aufweisen (s.o.). Bei der Vorgabe einer Gruppenregel orientiert sich die TrainerIn an Verhaltensweisen der Gruppe, die ein erfolgreiches Arbeiten im Training erschweren. Dazu kann zum Beispiel zählen: Wiederholtes Zuspätkommen von TeilnehmerInnen, gegenseitiges Stören, Passivität, häufiges Herumlaufen. Es besteht auch die Möglichkeit, eine Gruppenregel gemeinsam mit den TeilnehmerInnen zu erarbeiten. Mit Hilfe eines Brainstormings werden die Jugendlichen aufgefordert, alle Regeln zu nennen, die für das Training wichtig und sinnvoll erscheinen. Die Entscheidung für ein bis zwei Gruppenregeln kann über eine Prioritätenliste erfolgen. Aufgrund der notwendigen Überprüfbarkeit sollen im Training nur ein bis zwei Gruppenregeln gleichzeitig eingeübt werden. Wird die Regel von der Gruppe eingehalten, kann auf die nächste auf der Prioritätenliste übergegangen werden.

Die Regelphase ist Bestandteil jeder Trainingssitzung, in der regelmäßig eine Selbst- und Fremdeinschätzung über die Einhaltung der Regeln mit differenziertem Feedback vorgenommen wird.

Eine genaue Anweisung zum Umgang mit Verhaltensregeln im FIT FOR LIFE-Training findet sich in Jugert et al. (2001).

2.4.3 Trainingsrituale

Jede Trainingsstunde beginnt mit dem Abfragen der persönlichen Stimmungslage. Hierdurch sollen die Jugendlichen lernen, ihre eigenen Gefühle wahrzunehmen und diese in angemessener Form zu äußern. Die TrainerIn beginnt damit, ihre eigene Befindlichkeit zu schildern und ihre Erwartungen an die Sitzung auszusprechen. Im Sinne der sozial-kognitiven Lerntheorie übernimmt sie hier Modellverhalten. Die Jugendlichen sollen die Erfahrung machen, mit ihren unterschiedlichen Befindlichkeiten akzeptiert und ernst genommen zu werden. Durch das Aussprechen von eventuell vorhandenen Anspannungen und Erregungen erfahren sie, dass die angesprochenen Probleme sie danach nicht mehr so stark belasten. Sollte in dieser Phase eine Problemlage aufgedeckt werden, die eine intensive und sofortige Bearbeitung notwendig macht, wird der Sitzungsverlauf entsprechend geändert. Das Aufgreifen und Behandeln eines aktuellen Problems ist notwendig, da sonst eine konzentrierte Beschäftigung mit den Trainingsinhalten möglicherweise nur schwer realisiert werden kann (Petermann et al., 1999). Die Stimmungsabfrage erfolgt mit *Signalkarten*, die leicht aus buntem Tonpapier hergestellt werden können. Sie finden an mehreren Stellen im Sitzungsverlauf, zur Bewertung einzelner Arbeitsschritte, zur Bewertung des Regelverhaltens und in der Abschlussrunde Verwendung.

- ROT bedeutet: mir geht es nicht gut;
- GELB bedeutet: mir geht es mittelmäßig;
- GRÜN bedeutet: mir geht es gut.

2.4.4 Entspannung

Sie dient im Rahmen präventiver Kompetenztrainings der allgemeinen Spannungsreduktion, die bei der Erhaltung und Förderung psychischer Gesundheit hilfreich und bei Stressregulation notwendig sein kann. Entspannung erzeugt somatische und kognitive Effekte im Sinne motorischer Ruhe und geistiger Aufnahmebereitschaft, die ihrerseits zu einem Bestandteil therapeutischer und präventiver Maßnahmen werden (Vaitl & Petermann, 2000).

Motorische Ruhe und Aufmerksamkeit begünstigen eine differenzierte Wahrnehmung der Umwelt, so dass Affekte und Emotionen weniger leicht unkontrolliert geäußert werden.

Entspannungsreaktionen sind bei einem Menschen biologisch angelegte Reaktionsmuster, die in seinem Bestreben nach Wohlbefinden und Ruhe deutlich werden. Unter günstigen Bedingungen (z.B. Urlaub) kann ein Entspannungsprozess leicht ausgelöst werden. Unter schwierigen Bedingungen (z.B. Stress) gelingt die Entspannung oft nur über den Weg des Erlernens und Einübens bestimmter Entspannungstechniken (Vaitl & Petermann, 2000). Der Übungserfolg zeigt sich, wenn eine Person auf einen konditionierten Reiz, wie Körperhaltung oder Selbstinstruktion, eine Entspannungsreaktion in den unterschiedlichsten Situationen erzeugen kann (Vaitl & Petermann, 2000).

Im FIT FOR LIFE-Training wird die progressive Muskelentspannung nach Jacobsen (1990) vorgeschlagen, die sich besonders für Jugendliche eignet (Petermann & Petermann, 2000a). Sie kommt ihnen wegen des aktiven Charakters besonders entgegen, denn das unangenehme Gefühl des passiven Ausgeliefertseins wird so weitgehend vermieden. Ein weiterer Vorteil dieser Methode liegt in ihrer Wirkungsweise, durch die das Prinzip der Anspannung und Entspannung leicht erklärbar wird. Die Methode ist durch das direkte sensomotorische Erleben und die schnell eintretende Wirkung leicht erlernbar. Das Prinzip der progressiven Muskelentspannung besteht darin, Muskeln für kurze Zeit anzuspannen, danach die Anspannung loszulassen, so dass als Reaktion Entspannung eintritt. Langfristig sollen die Übenden lernen, jegliche Form von Anspannung in jedem Teil des Körpers rechtzeitig wahrzunehmen und sich gezielt zu entspannen. Eine genaue Anweisung zur Durchführung der progressiven Muskelentspannung für Jugendliche findet sich in Jugert et al. (2001).

2.4.5 Aufbau einer Trainingsstunde

Für die meisten Jugendlichen ist eine feste und transparente Struktur der Trainingssitzung hilfreich und förderlich. Viele Jugendliche haben Schwierigkeiten, eine Aufgabe zu strukturieren, um sie dann Schritt für Schritt zu bearbeiten.

Durch die Einhaltung des strukturierten Sitzungsablaufs wird den Jugendlichen eine Struktur vermittelt, die Verhaltenssicherheit fördert und zur Entwicklung von Vertrauen in die TrainerIn beiträgt. Gleichbleibende Handlungsabläufe sorgen für Überschaubarkeit und Nachvollziehbarkeit.

Die Jugendlichen erlangen auf diese Weise Kontrolle über das Geschehen, wodurch sich ihre Aufmerksamkeit für die Sitzungsinhalte erhöht. Verhaltensunsicherheiten lassen sich verringern, und die Jugendlichen werden angeleitet, zielgerichtete Handlungsweisen zu entwickeln.

Alle Trainingssitzungen sind in der Regel entsprechend der in Kasten 12 beschriebenen Struktur aufgebaut.

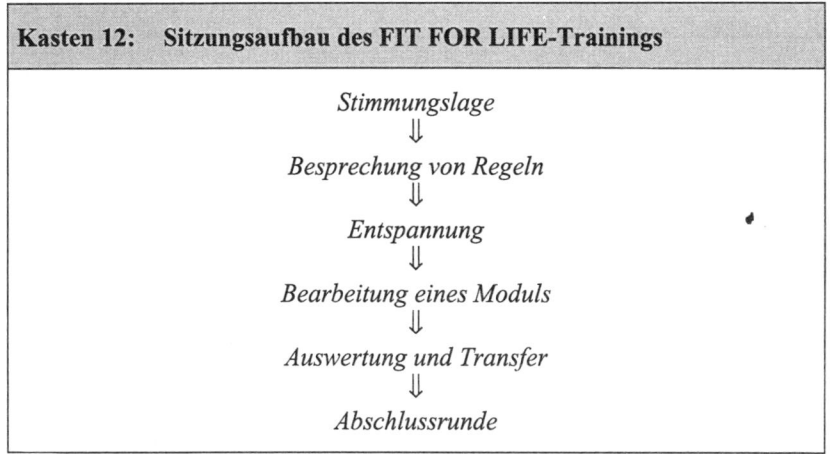

Kasten 12:   Sitzungsaufbau des FIT FOR LIFE-Trainings

Stimmungslage
⇓
Besprechung von Regeln
⇓
Entspannung
⇓
Bearbeitung eines Moduls
⇓
Auswertung und Transfer
⇓
Abschlussrunde

2.4.6 Kleingruppe

Das FIT FOR LIFE-Training ist als Kleingruppentraining konzipiert, da so die geforderten Lernziele effektiver erreicht werden. Eine Trainingsgruppe sollte mindestens aus fünf, höchstens jedoch aus sieben Jugendlichen bestehen. Eine solche Gruppe bietet den Vorteil, dass sich relativ schnell eine vertrauensvolle Atmosphäre unter den Jugendlichen und mit der TrainerIn entwickeln kann. Bei der empfohlenen Anzahl steht jeder Jugendlichen genügend Zeit zur Verfügung, an den arbeitsintensiven Übungen teilzunehmen, Rückmeldung zu bekommen und sich an der Auswertung zu beteiligen. Zudem ist es der TrainerIn möglich, auf die individuellen Interessen und Probleme der einzelnen Jugendlichen einzugehen. Dies ist unverzichtbar, da das Training nur wirksam ist, wenn die Jugendlichen sich auf das Training aktiv einlassen.

Ein weiterer Vorteil der Kleingruppe liegt in der leichteren Moderation (Decker, 1988). Für die TrainerIn ist es so möglich, jeder Jugendlichen Rückmeldung über ihr Verhalten zu geben und Disziplinprobleme, die häufig die Atmosphäre beeinträchtigen, kaum auftreten. Andererseits ist darauf zu achten, eine nicht zu kleine Gruppe zu bilden, da sonst die Auswahl von Modellen zu gering ausfällt und das Diskriminationslernen eingeschränkt wird (Petermann & Petermann, 2000a). Bei zu kleinen Gruppen ist zusätzlich der Austausch im Gespräch eingeschränkt, was den Diskussionsfluss und die aktive Teilnahme hemmen kann.

2.4.7 Gruppenzusammensetzung

Für das Gelingen des Trainings spielt die Gruppenzusammensetzung eine wichtige Rolle, da sie das Arbeitsklima prägt. Dieses hat einen großen Einfluss auf die Motivation, den Umgang miteinander und die aktive Mitarbeit. Daher sollte die TrainerIn bei der Zusammensetzung einige Aspekte beachten. Nach Petermann und Petermann (2000a) sollen die Jugendlichen einer Gruppe zugeordnet werden, die vergleichbare Lern- und Leistungsvoraussetzungen, sowie kognitive Fähigkeiten aufweisen, um eine Über- oder Unterforderung zu vermeiden, da diese mit einem Motivationsverlust einhergehen.

Auch sollten Jugendliche in einer Gruppe zusammengefasst werden, die über ähnliche emotionale Ausdrucksfähigkeiten verfügen. Jugendliche, die bereit und fähig sind, über ihre Emotionen zu berichten, könnten von denen demotiviert werden, die diese Ausdrucksmöglichkeiten wenig oder gar nicht beherrschen. Besteht die Gruppe nur aus Jugendlichen, die nicht über ihre Gefühle oder persönlichen Dinge sprechen können, muss das Anforderungsniveau entsprechend angepasst werden.

Nicht eindeutig kann die Frage beantwortet werden, ob gleich- oder gemischtgeschlechtliche Gruppen von Vorteil sind. Die Erfahrung mit gemischtgeschlechtlich zusammengesetzten Trainingsgruppen hat gezeigt, dass Jungen und Mädchen zu vielen Fragen unterschiedliche Standpunkte vertreten und dadurch lebhafte und fruchtbare Diskussionen entstehen. Auch eine gegenseitige Sympathie führt zu aktiverem Verhalten unter den Jugendlichen.

Probleme können sich entwickeln, wenn einzelne Jugendliche das Training boykottieren. Der Verlauf des Trainings wird dann von wenigen TeilnehmerInnen bestimmt. Die TrainerInnen sollten in diesem Fall die Zusammensetzung neu überdenken und unter Umständen die Gruppen neu bilden. Dies gilt für alle Gruppenkonstellationen, bei denen der Eindruck entsteht, dass sich die Gruppenmitglieder gegenseitig behindern und das Erreichen der Ziele des Trainings in Frage gestellt ist.

2.5 TrainerInnenverhalten

Die erfolgreiche Durchführung des Trainings hängt in hohem Maße von dem Verhalten der TrainerIn ab. Sie muss sich mit den Zielen, Methoden und Inhalten auseinander gesetzt haben, diese beherrschen und von dem Konzept überzeugt sein. Die einzelne Trainingsstunde erfordert eine intensive Vorbereitung, die langfristig nur dann geleistet werden kann, wenn die TrainerIn motiviert ist und Freude an der Durchführung hat.

Im gleichen Maß ist es erforderlich, dass die Jugendlichen für das Training motiviert werden. Das bedeutet insbesondere, dass die TrainerIn die Jugendlichen zur Kooperation bewegt.

Nur die Jugendlichen, die am Training aktiv teilnehmen, können gezielt verstärkt werden, sich in der Folge Selbstverstärkung geben und so für das Training motivieren. Soll sich kooperatives Verhalten bei den Jugendlichen entwickeln, ist es notwendig, Vertrauen zwischen den TeilnehmerInnen und der TrainerIn aufzubauen.

Die TrainerIn weiß, dass sie im Sinne der sozial-kognitiven Lerntheorie (Bandura, 1986) ein Modell für sozial erwünschtes Verhalten darstellt, was nicht nur in den Trainingssitzungen seine Gültigkeit haben sollte. Erleben die Jugendlichen die TrainerIn außerhalb des Trainings in ihrem Verhalten verändert oder sogar negativ, wird sich dies auf den Erfolg des Trainings negativ auswirken. Es sollte ein authentisches sozial kompetentes Verhalten innerhalb und außerhalb des Trainings angestrebt werden. Für den Aufbau von Vertrauen und Motivation gibt es grundlegende Verhaltensempfehlungen für die TrainerInnen, die im Kapitel 2.5.1 dargestellt werden. Im Anschluss daran wird die TrainerInnenkompetenz des Feedbackgebens, 2.5.2, begründet und beschrieben.

2.5.1 Vertrauensaufbau und Motivierung

Bei dem Aufbau von Vertrauen und Motivation handelt es sich um einen Prozess, der je nach Gruppenzusammensetzung und Erfahrung der einzelnen Jugendlichen unterschiedlich viel Zeit in Anspruch nehmen kann.

Gelingt es der TrainerIn, Vertrauen aufzubauen, fällt es den Jugendlichen leichter, kooperatives Verhalten im Training zu zeigen. Dies wiederum bildet die Voraussetzung für die Motivierung. Das stellt im Gruppentraining eine besondere Herausforderung für die TrainerIn dar. Es handelt sich um eine komplexe Aufgabe, da mehrere Personen an dem Prozess beteiligt sind. Für die TrainerIn stellt sich die Aufgabe, eine vertrauensvolle Beziehung sowohl zwischen den TeilnehmerInnen und sich selbst, als auch unter den TeilnehmerInnen herzustellen. Ziel ist es, eine kooperative Arbeitsbeziehung aufzubauen. Um dies zu erreichen, ist es notwendig, Kompetenz und Glaubwürdigkeit zu vermitteln (Linehan, 1996). Den Jugendlichen soll verdeutlicht werden, dass das angebotene Training FIT FOR LIFE für ihre individuelle Entwicklung hilfreich ist.

Dies ist keine einfache Aufgabe, da viele Jugendliche bereits an Fördermaßnahmen gescheitert sind und häufig nur noch wenig Hoffnung für ihre Zukunft haben.

Das benötigte Vertrauen kann auf unterschiedliche Weise aufgebaut werden. Inhaltliche Kompetenz, Professionalität, Selbstvertrauen, Sprachstil und die Vorbereitung der Trainingssitzungen spielen eine ebenso große Rolle wie die Gestaltung des Raumes und die Vorbereitung und Auswahl des Arbeitsmaterials.

Die folgenden Merkmale (vgl. Kasten 13) sind Verhaltensempfehlungen, die für den Vertrauensaufbau förderlich sind: Das Training soll klar, transparent und direkt beschrieben werden. Hier bietet es sich an, den Jugendlichen von bereits erfolgreichen Trainingsverläufen zu berichten, um deutlich zu machen, welche Vorteile ein soziales Kompetenztraining mit sich bringen kann. Das Handeln der TrainerIn sollte gut strukturiert und für die Jugendlichen durchschaubar sein, da unkalkulierbares Handeln zu Verunsicherungen führt. Außerdem ist es wichtig, den Jugendlichen ein zugewandtes Verhalten in Form von Offenheit und Freundlichkeit zu zeigen. Jugendliche brauchen zuversichtliche Bemerkungen, die sie positiv stimmen und motivieren. Die Jugendlichen sollen in den Trainingsverlauf aktiv eingebunden werden, indem sie nach Vorlieben und Interessen direkt befragt werden. Sollten Störungen in Form von Streit und Unstimmigkeiten untereinander, mangelnde Mitarbeit oder unruhiges Verhalten auftreten, werden diese vorrangig thematisiert, um das Problem zu lösen. Die TrainerIn verhält sich unterstützend und vermittelnd, nimmt eine neutrale Position ein und unterscheidet zwischen der Sachebene und den beteiligten Personen. Die Ursachen von Fehl- und Rückschlägen werden geklärt, und es werden konstruktive Verbesserungsvorschläge erarbeitet. Die TrainerIn versäumt nicht zu loben, Freude zu zeigen, aber auch berechtigten Ärger auszudrücken, um in ihrem Verhalten authentisch zu bleiben. Auch kleine Entwicklungsschritte werden beachtet und gewürdigt.

Kasten 13: Vertrauensaufbau nach Petermann (1996)

- Das *Training klar, transparent* und *direkt beschreiben.*
- Das eigene Handeln *strukturieren.*
- *Durchschaubar handeln.*
- Den Jugendlichen gegenüber *zugewandtes Verhalten* zeigen.
- *Zuversichtliche Bemerkungen* an die Jugendlichen richten.
- Die Jugendlichen *direkt ansprechen* und fragen.
- *Störungen vorrangig* behandeln.
- In kritischen Situationen *unterstützen* und *vermitteln.*
- *Fehlschläge*, Rückschläge *klären* und *entschärfen.*
- *Freude zeigen, loben*, aber auch *berechtigten Ärger ausdrücken.*
- Auch kleine *Entwicklungsschritte beachten* und *würdigen.*

Im Folgenden werden Aspekte aufgeführt, die als Leitfaden zur Motivierung zu verstehen sind (vgl. Kasten 14). Hierzu gehört es, die Jugendlichen als eigenständige, autonome Personen zu akzeptieren. Erfahren die Jugendlichen von der TrainerIn Interesse an ihrer Person und ihren Problemen und werden ihre Informationen vertraulich behandelt, werden sie sich eher motiviert zeigen, aktiv an dem Training teilzunehmen.

Um über Eigeninitiative die Motivation zu fördern, wird den Jugendlichen Mitbestimmung eingeräumt. Dies kann sich auf die Gestaltung einzelner Stunden, aber auch auf das Einbringen eigener Themen beziehen, die die Gruppe besonders interessieren. Auch die gezielte Übertragung von Verantwortung fördert Motivation, Vertrauen und Kooperation (vgl. Petermann, 1996). Die TrainerIn sollte auf durchschaubare, zuverlässige Handlungen und zu bewältigende Anforderungen achten, um Erfolge erzielen zu können, die langfristig zur Stabilisierung des Selbstvertrauens und der Selbstwirksamkeit führen. Zudem ist eine differenzierte und gezielte Rückmeldung im Sinne der Feedbackregeln notwendig, um den Jugendlichen eine Orientierung über ihr Verhalten zu geben.

Ebenso wichtig ist es, den Entwicklungsstand der Jugendlichen zu berücksichtigen, damit keine Über- oder Unterforderung entsteht und die Perspektiven gemeinsam entwickelt werden können. Diese Erfahrung wird für viele Jugendliche neu und ungewohnt sein, um so wichtiger ist es, Lob und Unterstützung gezielt einzusetzen.

Kasten 14: Leitfaden zur Motivierung

- *Die Jugendliche als Person akzeptieren.*
- *Interesse an der Person* und ihren Problemen zeigen.
- Informationen der Jugendlichen *vertraulich* behandeln.
- *Entwicklungsstand* der Jugendlichen *berücksichtigen*
  und mit ihnen *Perspektiven entwickeln.*
- *Mitbestimmung* gewähren, um Eigeninitiative zu fördern.
- Gezielte Übertragung von *Verantwortung.*
- *Durchschaubarkeit und Zuverlässigkeit* im Handeln.
- *Anforderungen* stellen, die *zu bewältigen* sind
  und gezielte *Rückmeldungen* geben.
- *Lob und Unterstützung* gezielt einsetzen.

2.5.2 Feedback

Der Begriff Feedback stammt aus der Kybernetik und bezeichnet die Lehre von den Regelungsprozessen. Innerhalb des Verhaltenstrainings FIT FOR LIFE kommt dem Feedback, der Rückmeldung zu Verhalten eine besondere Rolle zu. Feedback hilft bei der Selbsteinschätzung und reguliert das Verhalten. Speziell im Bereich der Verhaltensmodifikation werden unerwünschte Verhaltensweisen analysiert und durch konstruktive Verhaltensvorschläge korrigiert oder ersetzt. Positives Feedback, wie ein Lob und anerkennende Worte, unterstützen und halten die Motivation zum Lernen aufrecht.

Durch Feedbackprozesse wird die Selbst- und Fremdwahrnehmung geschult und Unterschiede zwischen der Selbst- und Fremdwahrnehmung deutlich. Dies hat zur Folge, dass die Person, die Feedback erhält, lernt, sich genauer einzuschätzen. Um angemessenes Feedback geben und annehmen zu können, sind besondere Fertigkeiten notwendig, die im Folgenden differenziert dargestellt werden.

Feedback geben

Die Person die Feedback (vgl. Kasten 15) gibt, spricht in der Ich-Form und benennt dabei ihre subjektiven Gefühle und Bedürfnisse. Die Aussage beansprucht also keine Allgemeingültigkeit und kann damit vom Gegenüber leichter angenommen werden. Um Fehlinterpretationen und Konflikte zu vermeiden, soll das Verhalten lediglich beschrieben aber nicht interpretiert werden. Eine Interpretation ist oft wertend, während bei einer Beschreibung die FeedbacknehmerIn genau weiß, um welche Verhaltensweise es sich handelt.

Wenn ein Feedback gegeben wird, soll es sich auf eine konkrete Situation beziehen und nicht auf ein allgemeines Verhalten. Nur so ist es der EmpfängerIn möglich, Verhalten zu verändern. Es sollten nur solche Verhaltensweisen angesprochen werden, die auch beeinflussbar sind. Die FeedbackgeberIn sollte ihre Beobachtungen durch andere überprüfen lassen, um eigene Irrtümer auszuschließen.

Kasten 15: Feedback geben

- In der *Ich-Form* sprechen; eigene Gefühle und Bedürfnisse ausdrücken.
- Das Verhalten *beschreiben* und *nicht interpretieren*; moralische Bewertungen unterlassen.
- Sich auf *konkrete Situationen* beziehen.
- *Nur Verhaltensweisen* ansprechen, die *zu beeinflussen* sind.
- Die *eigene Beobachtung* durch andere *überprüfen lassen*.
- Feedback möglichst direkt nach dem Verhalten geben: *je schneller, desto wirksamer*.
- Die *Möglichkeit des Irrtums* einräumen.
- *Am Ende* des Feedbacks die *Befindlichkeit der TeilnehmerIn* erfragen.

Ein Feedback ist um so wirkungsvoller und effektiver, je schneller und direkter es nach dem Verhalten gegeben wird. Die Beachtung dieser Gesetzmäßigkeit ist ebenfalls von der sozial-kognitiven Lerntheorie abgeleitet. Am Ende des

Feedbacks sollte die Befindlichkeit des anderen erfragt werden. Das eröffnet die Möglichkeit, Missverständnisse zu klären und Reaktanzen abzubauen.

Die EmpfängerIn lernt, dass Feedback als soziale Unterstützung und als Chance für ihre persönliche Weiterentwicklung zu betrachten ist. Die Rückmeldung über ein Verhalten gibt immer einen Eindruck wieder, der nicht als richtig oder falsch bezeichnet werden kann, sondern von der subjektiven Wahrnehmung und Interpretation der FeedbackgeberIn abhängig ist. Neben der Wiedergabe des persönlichen Eindrucks werden gleichzeitig Informationen über die eigene Person gegeben. Es werden dadurch Einstellungen, Sichtweisen und Meinungen deutlich (Fengler, 1998).

Feedback annehmen
Viele Jugendliche haben häufig negative Rückmeldungen über ihr Verhalten und ihre Person erfahren. Um so wichtiger ist es, Regeln zu kennen, die sie in die Lage versetzen, Feedback anzunehmen (vgl. Kasten 16). Hierzu gehört es, in der Ich-Form zu sprechen. Für die Person, die Feedback erhält, ist es wichtig, ihre Gefühle und Bedürfnisse äußern zu können, um sich von der anderen Person angenommen zu fühlen. Dies erzeugt die Bereitschaft, das Feedback anzunehmen und es damit als Chance für die persönliche Weiterentwicklung zu nutzen. Um keine wichtigen Informationen zu verlieren, ist es zu empfehlen, der FeedbackgeberIn bis zum Schluss zuzuhören und nachzufragen, wenn Unklarheiten entstehen. Es sollte möglichst keine Situation entstehen, in der eine Jugendliche sich gegen das Feedback der anderen verteidigt. Das führt lediglich zum Austausch von unterschiedlichen Standpunkten und ist nicht gewinnbringend für die FeedbackempfängerIn.

Kasten 16: Feedback annehmen

- In der *Ich-Form* sprechen.
- *Gefühle und Bedürfnisse* äußern.
- Bis zum Schluss *zuhören*.
- Zum besseren Verständnis *nachfragen*.
- *Nicht argumentieren* und sich nicht verteidigen.
- Das Feedback als *Chance zur eigenen Entwicklung* werten.

2.6 Die Module

Das Trainingsprogramm FIT FOR LIFE setzt sich aus 13 thematisch unterschiedlichen Modulen zusammen, deren Ziele und Übungsvorschläge im Folgenden beschrieben werden. Danach wird in Kapitel 2.7 das gesamte Modul „Selbstsicherheit" aus dem Manual Jugert et al. (2001) exemplarisch wiedergegeben.

Jedes Modul ist auf einen Fähigkeits- oder Kompetenzbereich bezogen und folgendermaßen aufgebaut:

- Titelblatt mit Cartoon
- Begriffsklärung
- Feinziele
- Drei Trainingsvorschläge, jeweils mit
- Ziel
- Angabe des benötigten Materials
- Übungsanweisung
- Auswertungsanleitung
- Arbeitsbögen mit Cartoons

2.6.1 Motivation

Die Jugendlichen sollen Interesse für das Trainingsprogramm FIT FOR LIFE entwickeln, und es soll ihnen vermittelt werden, dass sie wichtige Kompetenzen erwerben können. Ihnen soll bewusst werden, dass es unterschiedliche Verhaltensweisen in den Lebensbereichen Schule, Freizeit, Familie und Beruf gibt. Sie sollen ihre eigenen Kompetenzen und Ressourcen erkennen und lernen, sie zu nutzen.

Vorschlag 1: Berufslinie
Die Jugendlichen bestimmen ihr Berufsziel und gliedern den Weg dorthin in Etappen. Die TrainerIn begleitet die Jugendlichen von Etappe zu Etappe und regt sie an, sich vorzustellen, diese Schritte in der Realität auszuführen. Die Jugendlichen sollen dabei ihre Gedanken und Gefühle beschreiben.

Vorschlag 2: Meine Stärken und Schwächen
Die TeilnehmerInnen fertigen mit Hilfe eines Arbeitsbogens eine Art Collage mit ihren Stärken und Schwächen an, die sie später der Gruppe vorstellen und zu der sie eine Rückmeldung erhalten.

Vorschlag 3: Komm ich immer gut an?
Es werden Collagen zu den Lebensbereichen Schule, Beruf, Freizeit und Familie hergestellt und erarbeitet, ob Aussprüche und Verhaltensweisen, die in Arbeitsbögen vorgegeben sind, in allen Lebensbereichen immer „gut ankommen".

2.6.2 Gesundheit

Die Jugendlichen sollen dazu angeregt werden, über ihr eigenes Gesundheitsverhalten nachzudenken und ihre Lebensweise in Bezug auf Ernährung, Alkohol, Drogen, Sport und Schlaf zu reflektieren. Die Jugendlichen werden aufgefordert, für ein gemeinsames Frühstück gesunde Lebensmittel mitzubringen. Während des Frühstücks ist eine anregende und offene Diskussion über gesunde Lebensführung anzuleiten.

Weitere Treffen dieser Art können als Anreize im Training gesetzt werden, um die aktive Mitarbeit der Jugendlichen zu unterstützen.

2.6.3 Selbstsicherheit

Die Jugendlichen sollen sich selber besser kennen lernen und ihre eigenen Vorstellungen aussprechen. Sie sollen Selbstsicherheit im Umgang mit Gleichaltrigen gewinnen und eine angemessene Kontaktaufnahme mit weniger bekannten Personen erlernen. Darüber hinaus wird die Beobachtungsfähigkeit der Jugendlichen geschult, indem sie zwischen sicherem und unsicherem Verhalten differenzieren sollen.

Vorschlag 1: Schritte zur Selbstsicherheit
Der Begriff Selbstsicherheit wird mit den Jugendlichen erarbeitet. Anschließend schätzen die Jugendlichen ihre Selbstsicherheit auf einer Skala ein und bekommen die Aufgabe, einen kurzen Vortrag vor der Gruppe zu halten.

Vorschlag 2: Gegenseitiges Interview
Die Jugendlichen interviewen sich gegenseitig über ihre Stärken und Schwächen und stellen sich gegenseitig der Gruppe vor.

Vorschlag 3: Das geschulte Auge
Die Jugendlichen unterscheiden zwischen den Merkmalen von unsicherem und sicherem Verhalten und führen dazu ein Rollenspiel durch, das mit der Videokamera aufgezeichnet wird.

2.6.4 Körpersprache

Die Jugendlichen sollen lernen, dass Körpersprache ein wichtiger Bestandteil menschlicher Kommunikation ist. Mit Hilfe von praktischen Übungen sollen die Jugendlichen üben, Körpersprache als Mittel zur positiven Selbstdarstellung bewusst einzusetzen und körpersprachliche Signale von anderen situationsangemessen zu interpretieren.

Vorschlag 1: Körpersprache verstehen
In einem Brainstorming stellen die Jugendlichen ihre Vorstellungen über Körpersprache dar. Mit Hilfe eines Filmausschnitts wird das Thema weiter vertieft.

Vorschlag 2: Was mein Körper verrät
Anhand von Fotomaterial wird die Interpretation von Körperhaltung und Mimik geübt. Im Anschluss wird der Arbeitsbogen „Körpersprache ist ein wichtiges Thema" mit den Jugendlichen erarbeitet, diskutiert und ausgefüllt.

Vorschlag 3: Stimmungsjazz

Die Aufgabe besteht darin, vorgegebene Stimmungen verbal, pantomimisch, malerisch oder mit Musikinstrumenten darzustellen und von der Gruppe erkennen zu lassen.

2.6.5 Kommunikation

Den Jugendlichen soll vermittelt werden, dass Menschen sowohl mit Worten als auch mit Körpersprache (Mimik, Gestik, Haltung) kommunizieren. Ein weiteres Ziel besteht in der Reflexion des eigenen Kommunikationsstils. Wünsche, Interessen und Gefühle sollen angemessen geäußert werden, und es wird vermittelt, dass Menschen unterschiedlich bewerten, wahrnehmen, denken und sich unterschiedlich mitteilen. Die Jugendlichen sollen erkennen, dass Missverständnissen und Irrtümern vorgebeugt werden kann, indem klare und ausreichende Informationen ausgetauscht werden.

Vorschlag: 1 Das Brötchenspiel

Den Jugendlichen wird ein kurzes Rollenspiel präsentiert, das verdeutlicht, wie einfache Äußerungen zu Missverständnissen führen, wenn die GesprächspartnerInnen unterschiedliche Erfahrungshintergründe haben.

Vorschlag 2: Das schrumpfende Bild

Mit Hilfe eines gut beschreibbaren Bildes wird den Jugendlichen gezeigt, wie sich Informationen durch Weitergabe über mehrere Personen verändern.

Vorschlag 3: Gutes Zuhören

Bei dieser Übung handelt es sich um eine Partnerübung, in der gutes Zuhören geübt wird.

2.6.6 Fit für Konflikte Teil 1

Mit den Jugendlichen wird der Begriff Konflikt erarbeitet, um zu einem Verständnis darüber zu gelangen, dass Konflikte zum Leben gehören. Eigene Gefühle und Bedürfnisse sollen wahrgenommen und angemessen ausgedrückt werden. Ebenso wird erarbeitet, die Gefühle des Gegenübers wahrzunehmen und zu berücksichtigen. Die Jugendlichen lernen, zwischen Person und Problem, zwischen Sach- und Beziehungsebene zu unterscheiden, so dass die gegenseitige Wertschätzung erhalten bleibt. Es wird methodisch nach Lösungen und Kompromissen gesucht.

Vorschlag 1: Fair oder unfair

Um zwischen einer fairen und unfairen Konfliktlösung zu unterscheiden, werden diese im Rollenspiel dargestellt und gemeinsam ausgewertet.

Vorschlag 2: Konflikt - ja oder nein
Den Jugendlichen werden fünf Situationen von der TrainerIn vorgetragen, und sie entscheiden, ob es sich um einen Konflikt handelt oder nicht. Die Jugendlichen vertreten und begründen ihre Meinung.

Vorschlag 3: Ich rede von mir
Die Jugendlichen lernen die Unterschiede und Auswirkungen von Ich- und Du-Sätzen kennen. Die TrainerIn leitet die Jugendlichen an, auf Arbeitsbögen vorgegebene Du-Sätze in Ich-Sätze zu transformieren.

2.6.7 Freizeit

Den Jugendlichen sollen Möglichkeiten zur Freizeitgestaltung aufgezeigt werden. Es soll deutlich werden, dass Freizeit unter anderem als Ausgleich für Stress und Beanspruchung in Schule und Arbeitsleben dient, und dass kreative und sportliche Aktivitäten zu einem positiven Selbstwertgefühl beitragen.

Vorschlag 1: Land der unbegrenzten Möglichkeiten
Die Gruppe sammelt mögliche Freizeitaktivitäten auf einer Wandzeitung. In einer Diskussion wird der Zusammenhang zwischen Selbstvertrauen und Betätigungen in Sport, Musik und Kunst erarbeitet.

Vorschlag 2: Freizeitwegweiser
Die Jugendlichen stellen einen phantasievoll gestalteten Freizeitwegweiser her, der auch anderen Jugendlichen der Einrichtung zugänglich gemacht werden kann. Über die Präsentationsform entscheiden die Jugendlichen.

Vorschlag 3: Der Zeitkuchen
Die Jugendlichen stellen einen Zeitkuchen für die Woche und das Wochenende her, um herauszufinden, wie viel Zeit sie für Berufsausbildung, Job, Schule, Freizeitaktivitäten, Familie, Freunde, Essen und Schlafen aufbringen.

2.6.8 Lebensplanung

Die Jugendlichen sollen erkennen, dass sie ihr Leben selbständig und eigenverantwortlich planen und gestalten müssen. Sie bewerten die Chancen, Grenzen und Risiken, die sich ihnen bieten und klären ihre Wünsche und Vorstellungen. Dabei bestimmen sie ihre Nah- und Fernziele. Die Jugendlichen sollen das Erkennen und Bewerten von Alternativen sowie das Herausfinden entscheidungsrelevanter Informationen trainieren.

Vorschlag 1: Anno dazumal
Um die Notwendigkeit von Planung und Entscheidung zu verdeutlichen, werden an Hand von Bildmaterialien die Lebensbereiche Familie, Partnerschaft,

Arbeit und Freizeit von vor hundert Jahren mit den heutigen Lebensbedingungen verglichen und diskutiert.

Vorschlag 2: Mein Leben - meine Zukunft
Die Jugendlichen sollen ihre Zukunftsvision in Form einer Collage darstellen und der Gruppe präsentieren.

Vorschlag 3: Pro und Kontra
Die Jugendlichen üben, mit Hilfe eines Arbeitsbogens wichtige Entscheidungen zu fällen. Sie werden angeleitet, die Vor- und Nachteile einer anstehenden Entscheidung herauszufinden und sich über die Konsequenzen Gedanken zu machen.

2.6.9 Beruf und Zukunft

Die Jugendlichen sollen sich ihre beruflichen Vorstellungen und Wünsche bewusst machen und mögliche Alternativen bearbeiten. Dabei sollen sie die Chancen und Grenzen für ihren beruflichen Weg realistisch einschätzen. Die Jugendlichen werden für Verhaltensweisen sensibilisiert, die in einem Vorstellungsgespräch über Erfolg oder Misserfolg mit entscheiden.

Vorschlag 1: Berufe unter der Lupe
Die Jugendlichen erfahren, welche Vorteile sich aus einer gründlichen Vorbereitung auf ein Bewerbungsgespräch ergeben, das im Rollenspiel durchgeführt wird. Zur Vorbereitung dient die Herstellung einer Collage, mittels derer die Vor- und Nachteile sowie die beruflichen Perspektiven dargestellt werden.

Vorschlag 2: Job-Interview
Mit Hilfe eines Interviewleitfadens befragen die Jugendlichen Erwachsene in ihrem Betrieb/in ihrer Schule, um sich ein Bild darüber zu verschaffen, wie unterschiedlich Ausbildungswege verlaufen, dass eine berufliche Entscheidung ein langer Prozess sein kann und wie sich im Laufe der Zeit Tätigkeiten verändern können.

Vorschlag 3: Wir drehen einen Film
Jede Jugendliche erhält die Möglichkeit, an einem Bewerbungsgespräch teilzunehmen; die Vorbereitung erfolgt mit Hilfe eines Arbeitsbogens. Das Gespräch wird mit der Videokamera aufgenommen und anschließend ausgewertet.

2.6.10 Gefühle

Die Jugendlichen lernen, ihre Gefühle und die der anderen wahrzunehmen und zu verbalisieren. Weiterhin sollen sie ihre Gefühle auf eine angemessene, sozial akzeptierte Art und Weise ausdrücken.

Vorschlag 1: Wut und Freude

Die Jugendlichen bilden Zweierteams und präsentieren der Gruppe unterschiedliche Gefühle durch Mimik, Gestik, Körperhaltung und Sprache, allerdings ohne das Gefühl direkt zu benennen. Die Gruppe soll das entsprechende Gefühl erschließen.

Vorschlag 2: Gefühle leben

Die Jugendlichen sollen ihre Gefühle wahrnehmen, analysieren und benennen, die sie beim Lesen von kurzen Situationsbeschreibungen empfinden.

Vorschlag 3: Gefühle zeigen

Die Jugendlichen spielen eine vorgegebene Situation durch und erstarren auf ein Zeichen zu einem Standbild. Mit unterschiedlichen Fragen werden die Jugendlichen zu ihren Gefühlen, ihrem Verhalten, ihren Gedanken und ihren Meinungen befragt.

2.6.11 Einfühlungsvermögen

Die Jugendlichen sollen lernen, den Standpunkt und die Bedürfnisse anderer Menschen wahrzunehmen und zu verstehen. Sie üben, vorwegzunehmen, wie andere auf ihr Verhalten reagieren werden, und sie lernen, ihr Verhalten durch Perspektivenübernahme zu überprüfen und gegebenenfalls zu verändern.

Vorschlag 1: Blindenübung

Bei dieser Paarübung lässt sich abwechselnd eine Jugendliche mit verbundenen Augen von einer anderen führen. Die Führende übernimmt dabei die Verantwortung für die Geführte, so dass diese sich sicher fühlen kann. Zum Gelingen der Übung muss die Führende ein hohes Maß an Einfühlungsvermögen einsetzen.

Vorschlag 2: Vorhersage

Anhand von kurzen Situationsbeschreibungen üben die Jugendlichen, sich in die Rolle ihrer InteraktionspartnerIn zu versetzen und Reaktionen und Konsequenzen vorwegzunehmen.

Vorschlag 3: Perspektivenwechsel

Der Perspektivenwechsel wird auf die Weise geübt, dass sich zwei Jugendliche über ein Problem unterhalten und dabei mehrmals einen Perspektivenwechsel in Form eines Rollentausches vornehmen.

2.6.12 Fit für Konflikte Teil 2

Den Jugendlichen soll vermittelt werden, dass in einem Konflikt Interessen, Bedürfnisse, Ängste und vieles mehr enthalten sind, die Inhalt und Verlauf des Konflikts beeinflussen. Es wird gemeinsam erarbeitet, wie man seine Gefühle und Bedürfnisse in angemessener Form äußert, um die Eskalation eines Konflikts zu vermeiden. Die Jugendlichen lernen Schritte der Konfliktbewältigung kennen und erproben diese im Rollenspiel.

Vorschlag 1: Streithähne unter sich
Ausgehend von typischen provozierenden Verhaltensweisen sollen die Jugendlichen erkennen und analysieren, wie sich ein Konflikt normalerweise entwickelt.

Vorschlag 2: Eisberg in Sicht
Mit Hilfe des Eisbergmodells wird mit den Jugendlichen erarbeitet, dass im Hintergrund eines Konflikts immer Gefühle, Bedürfnisse, Vorstellungen, Ziele und Absichten beteiligt sind. Im Rollenspiel wird geübt, diese unsichtbaren Anteile zu erkennen und zu verbalisieren.

Vorschlag 3: „win win": Die coole Art, Konflikte zu lösen
Die Jugendlichen lernen fünf Schritte zur konstruktiven Konfliktbewältigung kennen und üben diese in Rollenspielen ein.

2.6.13 Lob und Kritik

Die Jugendlichen lernen, mit Lob und Kritik umzugehen. Misserfolge werden zu den eigenen Bemühungen in Beziehung gesetzt, gegebenenfalls auch relativiert. Es wird geübt, Bewertungen angemessen auszudrücken und die Frustrationstoleranz gegenüber berechtigter und unberechtigter Kritik zu steigern. Es wird vermittelt, dass Kritik eine Chance zur eigenen Weiterentwicklung ist.

Vorschlag 1: Umgehen mit Kritik im Beruf
Es werden Rollenspiele durchgeführt und ausgewertet, in denen unberechtigte und berechtigte Kritik geübt wird. Die Erkenntnisse und Ergebnisse werden auf Metaplankarten präsentiert und diskutiert.

Vorschlag 2: Song „Ich find dich Scheiße"
Mit dem Song „Ich find dich Scheiße", der den Jugendlichen vorgespielt wird, sollen sie lernen, zwischen annehmbarer und nicht annehmbarer, sowie gerechtfertigter und nicht gerechtfertigter Kritik zu diskriminieren und mit ihr angemessen umzugehen.

Vorschlag 3: Meine Erste-Hilfe-Box
Die Jugendlichen sammeln Erfahrungen damit, gelobt zu werden und anderen ein Lob auszusprechen. Die positiven Eigenschaften der einzelnen TeilnehmerInnen werden auf Karteikarten geschrieben; sie dienen als Unterstützung in kritischen Situationen.

2.7 Exemplarische Wiedergabe eines vollständigen Trainingsmoduls

Um unseren LeserInnen einen anschaulichen Eindruck von Art und Aufbau der Trainingsmodule von Jugert et al. (2001) zu geben, wird an dieser Stelle ein vollständiges Modul als Beispiel wiedergegeben.

Abbildung 4: Titelblatt zum Modul „Selbstsicherheit"

Selbstsicherheit

Selbstsicherheit

Begriffsklärung

Selbstsicherheit bildet einen zentralen Bestandteil der sozialen Kompetenz. Personen mit einer hohen Selbstsicherheit verfügen über ein positives Selbstkonzept sowie ein gutes Selbstvertrauen. Sie sind frei von sozialer Angst und in der Lage, Anforderungen des Alltags zu bewältigen. Zur Selbstsicherheit gehört auch, sich selber gut zu kennen und sich in unterschiedlichen Situationen realistisch einschätzen zu können.

Ziele

• Die Jugendlichen sollen Selbstsicherheit im Umgang mit Gleichaltrigen gewinnen.
• Die Jugendlichen sollen ihre eigene Selbstsicherheit einschätzen und reflektieren.
• Die Jugendlichen sollen Sicherheit bei der Kontaktaufnahme insbesondere mit wenig bekannten Personen lernen.
• Die Jugendlichen sollen zwischen sicherem und unsicherem Verhalten differenzieren können.

Vorschlag 1: Schritte zur Selbstsicherheit

Ziel

Die Jugendlichen sollen über ihr eigenes sicheres oder unsicheres Verhalten in unterschiedlichen Kontexten reflektieren und wenn notwendig verändern. Die Übung soll ihre Phantasie anregen und Möglichkeiten der Stressreduktion vermitteln.

Material

• Karteikarten
• Klebeband
• Arbeitsbogen 1 „Wie selbstsicher bin ich?"

Übungsanweisung

Zum Einstieg in das Thema wird mit den Jugendlichen der Begriff „Selbstsicherheit" geklärt. Dies geschieht mit Hilfe eines Brainstormings, um möglichst viele Ideen, Gedanken und Vorstellungen, die die Jugendlichen haben, zu erfassen.

Die TrainerIn leitet das Thema unter folgender Fragestellung ein:

• Was versteht ihr unter dem Wort Selbstsicherheit?

Die Antworten werden auf Karteikarten gesammelt und für alle sichtbar an der Wand befestigt. Im Anschluss an das Brainstorming sollen die Jugendlichen aus eigener Erfahrung berichten und Situationen beschreiben, in denen sie sich sicher oder unsicher gefühlt haben.

Nach dem Brainstorming sollen die Jugendlichen sich auf der Selbstsicherheitsskala: „Wie selbstsicher bin ich?" (Arbeitsbogen 1) einschätzen. Eins bedeutet, dass sehr wenig Selbstsicherheit vorhanden ist, zehn hingegen zeugt von einer hohen Selbstsicherheit. Im Anschluss wird der Gruppe das Resultat vorgestellt und die TrainerIn achtet darauf, dass die Einschätzungen jeweils von den Jugendlichen begründet werden.

Dann werden die Jugendlichen aufgefordert, sich ein Thema auszuwählen, über das sie gerne zwei bis drei Minuten vor der Gruppe berichten möchten. Die TrainerIn gibt genügend Zeit zur Vorbereitung und motiviert die Jugendlichen, sich zur besseren Orientierung Stichpunkte zu machen. Durch dieses Vorgehen sollen die Jugendlichen lernen, dass eine gute inhaltliche Planung zu einem selbstsichereren Verhalten führen kann. Das Los entscheidet über die Reihenfolge der Kurzberichte. Fallen den Jugendlichen keine eigenen Themen ein, ist es der TrainerIn überlassen folgende Themen vorzuschlagen:

➢ Ich berichte darüber, wie ich mein letztes Wochenende verbrachte.
➢ In meiner Freizeit beschäftige ich mich am liebsten mit...
➢ Handys sollten im Unterricht/Betrieb erlaubt sein, weil...

Nach jeder Präsentation findet eine Feedbackrunde statt, die sich an den zuvor eingeführten Feedbackregeln orientiert.

Die Übung ist beendet, wenn alle TeilnehmerInnen ihren Kurzvortrag gehalten haben.

Auswertung

➢ Hat euch das Vortragen Spaß gemacht?

➢ Konntet ihr euch auf das Thema konzentrieren oder wart ihr durch andere Themen abgelenkt?

➢ Was hat euch während des Vortrages Sicherheit gegeben?

➢ Hat es euch verunsichert oder Mut gemacht, wenn die Zuhörer euch angeschaut haben?

➢ Glaubt ihr, dass selbstunsichere Menschen häufiger von anderen geärgert oder sogar angegriffen werden?

➢ Welche Lebensbereiche fallen euch ein, in denen ihr euch besonders sicher/unsicher gefühlt habt?

Vorschlag 2:   Gegenseitiges Interview

Ziel

Bei dieser Übung sollen die Jugendlichen sich ihrer Stärken und Schwächen bewusst werden und diese den anderen mitteilen. Ziel ist es, den Jugendlichen zu verdeutlichen, dass jeder Mensch neben seinen Stärken immer auch Schwächen hat, die er nicht gerne zugeben möchte. Die Offenheit jedoch eigene Schwächen zuzugeben, kann den Kontakt untereinander fördern und das Vertrauen untereinander stärken.

Material

Spielkarten

Übungsanweisung

Die Jugendlichen werden aufgefordert, sich zu zweit zusammen zu tun. Dies geschieht nach folgender Spielregel: Die TrainerIn verteilt Spielkarten, diejenigen, mit gleichfarbigen Zahlen oder Figuren bilden ein Paar, A und B.

Die Paare bekommen genügend Zeit, um sich mit den folgenden Fragen zu beschäftigen und um sich gegenseitig zu interviewen:

➢ Was kannst du besonders gut? Was sind deine Stärken?

➢ Was kannst du nicht so gut? Was würdest du gerne verändern?

Anschließend hat jeder die Aufgabe seine PartnerIn mit ihren Stärken und Schwächen der Gruppe vorzustellen. Damit niemand sich selbst vor der ganzen Gruppe loben bzw. seine Schwächen preisgeben muss, berichtet Person A über B und Person B über A.

Auswertung

> War es schwierig, die eigenen Stärken und Schwächen jemand anderem zu erzählen?
> Wie habt ihr euch gefühlt, als euer PartnerIn über eure Stärken und Schwächen berichtet hat?
> Habt ihr etwas Neues über euch erfahren?
> Habt ihr ähnliche Stärken oder Schwächen bei den anderen entdeckt?
> Sprecht ihr mit euren FreundInnen über eure Stärken und Schwächen?
> Welche Stärken helfen euch im Alltag, um euch selbstsicherer zu verhalten?

Vorschlag 3: Das geschulte Auge

Ziel

Die Jugendlichen sollen den Unterschied zwischen unsicherem und sicherem Verhalten erkennen und sich über mögliche Konsequenzen ihres Verhaltens Gedanken machen.

Material

Videoanlage für Aufnahme und Wiedergabe

Übungsanweisung

Die Jugendlichen werden von der TrainerIn in Kleingruppen von drei bis vier Personen aufgeteilt, die ein Rollenspiel vorbereiten. Bei dieser Übung muss darauf geachtet werden, dass die Jugendlichen mit ähnlichen Problemen in einer Gruppe sind, damit sie die Fertigkeiten einüben können, die sie nicht so gut beherrschen. Diese Fertigkeiten sind zum Beispiel, Kontakte zu anderen aufzunehmen oder sich mit anderen zu verabreden, aber auch selbst kontrolliertes Verhalten in Gruppensituationen, in denen Druck ausgeübt wird.

Die TrainerIn sollte die Jugendlichen nach eigenen Themen befragen und Situationen auswählen, in denen die genannten Fertigkeiten gefordert sind. Ein weiteres Auswahlkriterium ist der Bezug zum Alltag der TeilnehmerInnen. Die TrainerIn kann aber auch folgende Rollenspiele vorgeben:

Im Jugendzentrum: Wie nehme ich Kontakt auf, wenn ich keinen kenne?

In der Disco: Wie fordere ich ein Mädchen zum Tanzen auf, das ich sympathisch finde?

Praktikum: Wie sage ich meiner AusbilderIn in angemessenem Ton, dass ich nicht den ganzen Tag den Hof fegen möchte?

Das Rollenspiel, das jede Gruppe vorbereitet, wird in zwei Versionen durchgeführt, einmal mit einem unsicheren und einmal mit einem sicheren Verhalten. Nach Ausführung des unsicheren Verhaltens, wird die Videoaufnahme mit den Jugendlichen unter Berücksichtigung der Feedbackregeln besprochen.

In einem weiteren Schritt werden Vorschläge gesammelt und bewertet, wie die Jugendlichen sich in den Situationen selbstsicherer verhalten können. Dann wird das Rollenspiel wiederholt, indem das sichere Verhalten erprobt und eingeübt wird. Auch diese Rollenspiele werden auf Video aufgenommen und unter Berücksichtigung der Feedbackregeln ausgewertet.

Auswertung

➢ Wie hat euch diese Übung gefallen?
➢ Könnt ihr eure Gefühle während des sicheren/unsicheren Verhaltens benennen?
➢ Wie verhält sich eine selbstsichere Person?
➢ Vergleicht einmal die Konsequenzen des ersten und des zweiten Rollenspiels.
➢ Kann man selbstsicheres Verhalten erlernen? Wenn ja, wie ist das möglich?
➢ Wie ist eure Meinung? Kann man für alle Situationen ein gleiches Maß an Selbstsicherheit/Unsicherheit erwarten?

Wie selbstsicher bin ich?

Wenig				Mittel					Hoch
1	2	3	4	5	6	7	8	9	10

2.8 Effekte

Über die besonderen Effekte eines Sozialtrainings zu hören, kann die Motivation zur Verwendung dieses Trainings enorm steigern. Gerade wenn die Wahl zwischen mehreren Sozialtrainings schwer fällt, kann der Bericht über deren Effekte ausschlaggebend sein. Nun ist es für alle EntwicklerInnen von Sozialtrainings im eigenen Interesse, das eigene Training möglichst gut zu präsentieren und weiter zu empfehlen. Auch wir werden daher gerne auf die positiven Effekte des Trainings eingehen. Trotzdem möchten wir aber auch selbstkritisch auf die Schwierigkeit der Erfassung der Effekte auf „objektiver" Ebene eingehen.

Der Effekt eines Sozialtrainings kann auf die verschiedensten Arten beschrieben werden. Einerseits gibt es die qualitativen Ergebnisse. Dazu gehören Berichte der TrainerInnen und Jugendlichen, die sehr informativ sein können. Weiter können Fallberichte herangezogen werden, für einige Jugendliche wird exemplarisch der Weg zu ihrem Trainingserfolg berichtet. Des weiteren können vorstrukturierte Interviews mit einer Auswahl von Jugendlichen durchgeführt werden. Mit den bisherigen Vorschlägen wurde ein Weg aufgezeichnet, der von Subjektivität zu immer mehr Objektivität führt. Dieser Weg gipfelt auf der quantitativen Ebene. Hier werden die über Verhaltensbeobachtungen, Selbst- und Fremdbeschreibungen gefundenen Antworten quantitativ ausgewertet und betrachtet.

Ursprünglich wurde das FIT FOR LIFE-Training im Rahmen eines EU-Projektes in mehreren Einrichtungen der außerschulischen Berufsbildung innerhalb berufsvorbereitender Maßnahmen eingesetzt. In diesen Einrichtungen wurden MitarbeiterInnen für die Anwendung des FIT FOR LIFE-Trainings ausgebildet und erhielten während der Durchführung des Trainings vom Projektteam Supervision. Eine der Einrichtungen zeichnet sich dadurch aus, dass dort sehr viele Jugendliche mit physischen Behinderungen auf das Berufsleben vorbereitet werden, in einer anderen werden viele Jugendliche trainiert, die anderen Kulturen entstammen und teilweise noch erhebliche Probleme mit der deutschen Sprache haben.

Qualitative Ergebnisse

Aus den Gesprächen mit den MitarbeiterInnen und den trainierten Jugendlichen geben wir folgende Rückmeldungen zusammenfassend wieder:

Einige TrainerInnen, MitarbeiterInnen und Jugendliche konnten erst nach einiger Zeit für das FIT FOR LIFE-Training begeistert werden. Einige TrainerInnen führten eigene Adaptionen durch, was im Sinne des Trainingskonzeptes auch wünschenswert ist, nur sollten diese nicht zu weit von den eigentlichen Inhalten der Module abweichen, um nicht die angestrebten Ziele (vgl. Kapitel 2.3) zu gefährden. Verweigern sich Jugendliche der Teilnahme am Training, so wird dies mit zunehmender Erfahrung der TrainerInnen sicher immer weniger problematisch werden. Dies kann aber anfangs sehr störend sein und den

Effekt des Trainings für die anderen Jugendlichen sehr einschränken. Wenn alle Maßnahmen der Motivierung bei diesen Jugendlichen keinen Erfolg haben, sollte ihnen für die Trainingszeit eine Alternative angeboten werden. Auch sollte darauf geachtet werden, nicht mehrere auffällige, störende Jugendliche (bzgl. Aggressivität oder Vermeidungshaltung) in eine Trainingsgruppe aufzunehmen, da dies den ganzen Ablauf und die restliche Gruppe zu sehr stören könnte. Für diese Jugendlichen sind eventuell andere Trainings passender, so wird zum Beispiel für Jugendliche mit ausgeprägter aggressiver Verhaltensstörung das Training von Petermann und Petermann (2000d) angeboten, in denen mit diesen Jugendlichen auch zunächst Einzelsitzungen durchgeführt werden. Immer wieder zeigte es sich, dass aus organisatorischen Gründen die empfohlene Gruppengröße weit überschritten wurde und dass in diesen Fällen störende Effekte, wie Unaufmerksamkeit, Disziplinlosigkeit und weiterer Rückzug derjenigen Jugendlichen mit ausgeprägter sozialer Unsicherheit stattfindet (vgl. Kapitel 2.4.6). Zusammenfassend möchten wir hier festhalten, dass auf Grund unserer bisherigen Erfahrung erwartungsgemäß nicht von allen Jugendlichen das Training FIT FOR LIFE positiv eingeschätzt wurde. Zu empfehlen ist, die ersten Erfahrungen mit „einfachen" Gruppen zu machen, bevor schwierigere Jugendliche trainiert werden. Wenn dies in der entsprechenden Institution nicht realisierbar ist, so sollte darauf geachtet werden, anfangs Gruppen mit nur vier Jugendlichen zu trainieren.

Als Erfolg, der für das FIT FOR LIFE-Training spricht, sehen wir dessen Übernahme als festen Bestandteil der berufsvorbereitenden Maßnahmen in den beiden Einrichtungen, die in der Hauptphase des Projektes involviert waren. Hier hat die positive Erfahrung im Zusammenhang mit dem Training zu einer Implementation von FIT FOR LIFE in das bestehende Unterrichtsprogramm geführt. In den beiden Einrichtungen, die in der Verlängerungsphase involviert waren, wurden Teile des Trainings in deren Arbeit übernommen. Für die beiden Institutionen aus der Hauptphase war die Umsetzung insofern einfacher, als es sich hier um größere Einrichtungen handelt, die personell flexibler sind.

In Kasten 17 wird der Fallbericht einer 17-jährigen Frau aus einer deutsch-russischen Immigrationsfamilie wiedergegeben. Dieser dokumentiert typische Auswirkungen, wie sie mit dem FIT FOR LIFE-Training auftreten.

Außer in den berufsvorbereitenden Lehrgängen außerschulischer Berufsbildungsinstitute wurde das Training FIT FOR LIFE auch in mehreren Hauptschulklassen verschiedener Hauptschulen eingesetzt und evaluiert. Prinzipiell sind die Erfahrungen und Ergebnisse in diesen Gruppen ähnlich ausgefallen. Diese Trainings wurden im Zusammenhang mit Diplomarbeiten (Finnie & Menke,1999; Bartels & Gathen, 2000) durchgeführt und evaluiert. Die Arbeiten sind mit ausführlichen Erfahrungsberichten und Änderungsvorschlägen für das FIT FOR LIFE-Training in der Schule versehen.

Kasten 17: Fallbericht

Tanja ist eine 17-jährige Frau aus einer deutsch-russischen Immigrationsfamilie. Sie lebt erst seit kurzer Zeit in Deutschland, hat Sprachprobleme und ist konfrontiert mit einem unbekannten sozialen und kulturellen Leben. Zusammen mit diesen ungünstigen Voraussetzungen und verstärkt durch ihre jugendlichen Entwicklungsstörungen, kam es dazu, dass sie sämtliche Angebote verweigerte.

Tanja hatte zu niemandem in der Klasse Kontakt. Wenn sie angesprochen wurde, so verhielt sie sich extrem unsicher. Sie nahm keinen Augenkontakt auf und antwortete auf keine Frage. An Klassenaktivitäten nahm sie nicht teil. Dementsprechend zeigte sie sehr schwache Leistungen, was sich in ihren Schulnoten widerspiegelte.

Mit der Zeit wurde es möglich, Tanja in der Trainingsgruppe FIT FOR LIFE zu integrieren. Indem sie an der Kleingruppenarbeit teilnahm, wurde es ihr möglich, Kontakte zu anderen herzustellen, und sie begann, selbst Gespräche aufzunehmen. Sie lernte, ihre Gefühle auszusprechen, ohne Angst dabei zu haben, deswegen ausgelacht zu werden. Sie wurde offener und zugänglicher, und die Konsequenz auf Grund ihrer Verhaltensänderung war, dass auch die anderen entsprechend reagierten und Freundschaften entstanden.

Ihr selbstsichereres Verhalten, das sie in den Trainingsstunden lernen und ausprobieren konnte, hatte einen positiven Effekt auf ihre Leistungen in der Klasse. Mit der Zeit wurden auch Tanjas Noten besser, so dass sie nun eine gute Chance hat, ein Praktikum und später einen Ausbildungsplatz auf dem Arbeitsmarkt zu finden.

Aufgrund des Trainings FIT FOR LIFE konnte Tanja Selbstsicherheit und eine realistische Selbstbewertung entwickeln. Heute kann sie ihre Wünsche und Ziele bezüglich ihrer zukünftigen beruflichen Karriere klar formulieren und weiß, wie sie diese schrittweise umsetzen kann.

Auf der hier beschriebenen qualitativen Ebene kann sehr schön die allgemeine Stimmung zum Training erfasst werden, auch können natürlich auf dieser Ebene viele individuelle Rückmeldungen erfolgen, die äußerst interessant sind. Um aber einem höheren Anspruch an Objektivität zu genügen, bieten sich quantitative Untersuchungen an. Diese sollen im Folgenden nun näher beschrieben werden.

Quantitative Ergebnisse

Quantitative Ergebnisse wurden während der Projektphase im Zusammenhang mit der Auswertung von Fragebogendaten, sogenannten paper and pencil-Tests, erhoben. Diese besitzen auf Grund der einheitlichen Präsentation und Durchführung und einer hohen Unabhängigkeit von der Person, welche die Fragebögen austeilt und einsammelt, einen hohen Grad an Objektivität und damit auch eine gute Vergleichbarkeit. Dies sind wichtige Voraussetzungen, um den Effekt des Trainings mit einem Untersuchungsdesign, das auf der Grundlage wissenschaftlicher Kenntnisse aufgestellt wurde, zu prüfen.

Zur Evaluation des Kompetenztrainings FIT FOR LIFE wurden Fragebögen entwickelt, um die den Zielen des Trainings entsprechenden Überprüfungen durchführen zu können. Hierzu wurde teilweise auf bereits bestehende Testverfahren zurückgegriffen und falls nötig an die Zielgruppe angepasst, und teilweise wurden neue Fragen zur Prüfung der Ziele aufgestellt.

Es wurden Fragebögen für die Jugendliche vorgesehen, in denen sie ihre eigenen Verhaltensweisen und Einstellungen einschätzten und andere, in denen außenstehende BeobachterInnen (TrainerInnen, LehrerInnen, Sonstige), die Jugendlichen aufgrund von Verhaltensbeobachtungen beurteilten. Die ausführliche Beschreibung der Fragebögen und die Dokumentation sämtlicher Ergebnisse sind im Forschungsbericht von Jugert et al. (2000) wiederzufinden. Diese Fragebögen bzw. Vorformen dieser Fragebögen kamen in einer Pilotphase das erste Mal zum Einsatz (s. Jugert, Haber, Holsten & Petermann, 1999; Jugert, Kreutz, Rehder & Petermann, 1999).

Die Fragebögen wurden von den Jugendlichen und den BeobachterInnen zu Beginn der Trainingsphase (Prätest) und am Ende der Maßnahme (Posttest) ausgefüllt. Die trainierten Jugendlichen füllten zusätzlich drei Monate nach dem Ende der Maßnahme (Follow Up) dieselben Fragebögen aus. Zusätzlich zu den trainierten Jugendlichen (Experimentalgruppe) wurde eine nicht-trainierte Gruppe von Jugendlichen (Kontrollgruppe) entsprechend befragt (s. a. Kasten 18). Die Fragebögen wurden mit einem Code versehen, so dass alle Daten, die zu einem Jugendlichen erhoben wurden, auf anonyme Weise einander zugeordnet werden konnten. Dies wurde gemacht, um die Qualität der Auswertung zu verbessern. Trotzdem geht es hier nicht um die Auswertung zu einzelnen Jugendlichen, sondern um durchschnittliche Effekte, die auf die Gesamtgruppe bezogen sind.

Die Stichprobengröße der durchgeführten Studien in der Haupt- und Verlängerungsphase kann in Tabelle 1 nachgelesen werden. Die dort aufgeführten Zahlen spiegeln die Anzahl Jugendlicher wider, die zu Beginn des Trainings Fragebögen ausfüllten. Durch Krankheit, Ausscheiden aus der Institution und durch unbrauchbare Angaben konnten am Ende wesentlich weniger Datensätze für die Berechnung von Veränderungswerten verwendet werden.

Das durchschnittliche Alter der Jugendlichen ist 19 Jahre. Insgesamt waren gleich viele Frauen und Männer in den Gruppen vertreten. Viele der Jugendlichen waren mit einer Behinderung (49 % in der Hauptphase) versehen und etliche entstammten einer fremdländischen Kultur (33 % in der Hauptphase).

Kasten 18: Untersuchungsdesign mit Angabe der eingesetzten Fragebögen in der Hauptphase			
Zeitpunkt	**Experimentalgruppe**	**Kontrollgruppe**	**Datum (Zeitraum)**
Vor dem Training (Prätest)	• Selbstbeschreibung • Fremdbeurteilung durch TrainerInnen • Fremdbeurteilung durch ZweitbeobachterInnen	• Selbstbeschreibung • Fremdbeurteilung durch ZweitbeobachterInnen	Oktober 1998
Trainingszeit	FIT FOR LIFE-Training	Kein Training wird durchgeführt	(6 Monate)
Nach dem Training (Posttest)	Selbstbeschreibung Fremdbeurteilung durch TrainerInnen Fremdbeurteilung durch ZweitbeobachterInnen	Selbstbeschreibung Fremdbeurteilung durch ZweitbeobachterInnen	März 1999
Einige Monate nach dem Training (Follow-Up)	Selbstbeschreibung Fremdbeurteilung durch ZweitbeobachterInnen		Juni 1999 (3 Monate nach dem Ende des Trainings)

Selbstbeschreibung der Jugendlichen

Aufgrund unserer bisherigen Erfahrung mit den Daten aus der Selbstbeschreibung der Jugendlichen können wir zum jetzigen Zeitpunkt keine Empfehlung zur weiteren Anwendung unserer Fragebögen für diesen Personenkreis geben. Die erreichten Datenqualitäten reichen hierzu nicht aus. Es hat sich gezeigt, dass die Jugendlichen allgemein sehr schwer zu motivieren waren, die Fragebögen „korrekt" auszufüllen. Hierzu sei angemerkt, dass wir die Fragebögen immer in Gruppen von 10 bis 20 Jugendlichen (i. d. R. im Klassenverband) bearbeiten ließen. Wir waren konfrontiert mit Misstrauen bzgl. der Vertraulichkeit der Daten, mit Unlust und mit Albernheiten, die sich in entsprechenden Antworten zum Sport- oder Freizeitverhalten deutlich zeigten. Immer wieder wurden Antworten gegeben, die sich widersprechen. Auch mussten wir auf Grund der persönlichen Rückmeldungen feststellen, dass manche der formulierten Fragen von einigen Jugendlichen nicht verstanden wurden und dass die Beantwortung als zu schwer eingeschätzt wurde. Insgesamt nahm auch das Ausfüllen der Fragebögen sehr viel Zeit in Anspruch. Manche Jugendlichen waren über eine Stunde damit beschäftigt, den Fragebogen auszufüllen, andere waren in 15 Minuten fertig.

Tabelle 1: Stichprobe der Studie

Bildungsträger	Experimentalgruppe	Kontrollgruppe
Wirtschafts- und Sozialakademie der Angestelltenkammer GmbH	73	35
Berufsbildungswerk GmbH	45	61
Gesamt in der Hauptphase	*118*	*96*
Bremer Arbeitslosen Selbsthilfeinitiative e. V.	39	26
Bildungszentrum der Wirtschaft im Unterwesergebiet e. V.	17	13
Gesamt in der Verlängerungsphase	*56*	*39*

Trotz aller Einschränkungen zeigte sich mit den Daten in der Hauptphase, dass sich die trainierten Jugendlichen im Vergleich zur Kontrollgruppe tendenziell selbst als weniger aggressiv und als sicherer einschätzten. Auch wenn der Einfluss der Gruppe (Experimental- vs. Kontrollgruppe) - in der Varianzanalyse mit Messwiederholung - statistisch nicht signifikant wird, zeigt sich mit der Selbsteinschätzung des aggressiven Verhaltens (s. Abbildung 6), dass hier nur durch den Vergleich mit der Kontrollgruppe von einer Verbesserung gesprochen werden kann. So schätzen sich die Jugendlichen der Kontrollgruppe im Posttest (M=1,81) durchschnittlich als aggressiver in ihrem Verhalten ein, als im Prätest (M=1,71). Gleichzeitig verändern sich die durchschnittlichen Werte des selbstzugeschriebenen aggressiven Verhaltens bei den trainierten Jugendlichen der Experimentalgruppe nicht (M=1,69 im Prätest entspricht M im Posttest).

Abbildung 6: Durchschnittliche Einschätzung des eigenen aggressiven Verhaltens

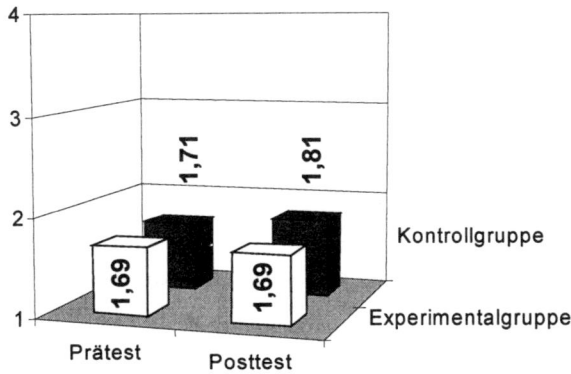

In der Selbstbeschreibung des unsicheren Verhaltens (s. Abbildung 7) zeigt sich bei den trainierten Jugendlichen (Experimentalgruppe) eine deutliche Abnahme der durchschnittlichen Werte, von M=2,14 im Prätest zu M=2,00 im Posttest, während in der entsprechenden Selbstbeschreibung der Jugendlichen aus der Kontrollgruppe keine Veränderung über den entsprechenden Zeitraum sichtbar wird. Der durchschnittliche Prätestwert (M=1,80) ist nur geringfügig größer als der durchschnittliche Posttestwert (M=1,79). Einschränkend sei angeführt, dass hier ein hoher Unterschied in der Ausgangssituation zwischen den Jugendlichengruppen besteht und dass durch die durchschnittlich höheren Werte bei der Experimentalgruppe im Vergleich zur Kontrollgruppe zu Beginn des Trainings FIT FOR LIFE eine Verringerung dieser Werte wahrscheinlicher ist.

Abbildung 7: Durchschnittliche Einschätzung des eigenen unsicheren Verhaltens

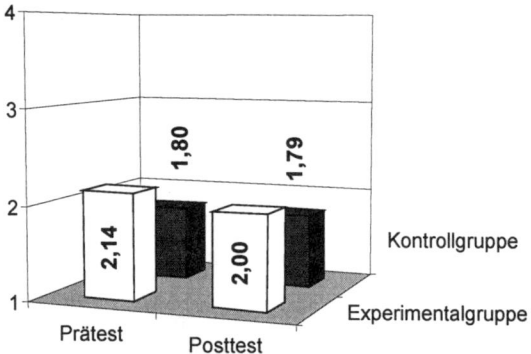

In der Verlängerungsphase wurde den trainierten Jugendlichen ein Rückmeldebogen zum FIT FOR LIFE-Training präsentiert. Der Wortlaut der Fragen kann Tabelle 2 entnommen werden. Zu jeder Frage wurde ausgezählt, wie viele Jugendliche die entsprechende Kategorie gewählt haben. In Tabelle 2 werden hierzu die prozentualen Anteile angegeben. Diese bestätigen im Wesentlichen die bereits vermutete Zufriedenheit der meisten Jugendlichen mit dem FIT FOR LIFE-Training und mit den TrainerInnen.

Auf dem momentanen Stand unserer Entwicklung von Evaluationsinstrumenten zum FIT FOR LIFE-Training präsentieren wir in Jugert et al. (2001) einen sehr kurz gehaltenen „Rückmeldebogen", durch den die Jugendlichen gebeten werden, Einschätzungen zu den Trainingsstunden, den TrainerInnen und zu dem, was sie gelernt haben, abzugeben. Dieser Fragebogen wird komplett mit der Instruktion auf einer einzigen Seite präsentiert. Die ersten Erfahrungen mit diesem reduzierten Rückmeldebogen werden gerade mit HauptschülerInnen gesammelt.

Tabelle 2: **Rückmeldung der Jugendlichen zum FIT FOR LIFE-Training, der Gruppe und der TrainerIn**

Wortlaut der Frage	stimmt nicht	stimmt etwas	stimmt ziemlich	stimmt ganz genau
FIT FOR LIFE hat mir Spaß gemacht.	9,1%	*39,4%*	24,2%	27,3%
Das Training FIT FOR LIFE hat mich ganz schön angenervt.	36,4%	*51,5%*	9,1%	3,0%
Ich ging nur zum Training, weil ich musste.	*58,8%*	26,5%	5,9%	8,8%
Mit FIT FOR LIFE habe ich nichts Vernünftiges gelernt.	*64,7%*	29,4%	2,9%	2,9%
Ich bin froh, dass ich am Training FIT FOR LIFE teilnehmen konnte.	26,5%	23,5%	*32,4%*	17,6%
Die Spiele im Training FIT FOR LIFE haben mir keinen Spaß gemacht.	*50,0%*	23,5%	11,8%	14,7%
Ich fand jede Stunde im Training FIT FOR LIFE absolut super.	26,5%	23,5%	*29,4%*	20,6%
Die anderen in der Gruppe wollten meine Meinung wissen.	23,5%	*32,4%*	23,5%	20,6%
Ich habe gemerkt, dass viele in meiner Gruppe mich gut leiden können.	14,7%	*32,4%*	32,4%	20,6%
Die Trainer redeten meist freundlich mit mir.	2,9%	14,7%	17,6%	*64,7%*
Mit anderen Trainern wäre das Ganze besser gewesen.	*85,3%*	11,8%	2,9%	

Anmerkung. Die Angaben beruhen auf den Selbstaussagen von N=34 Jugendlichen am Ende des Trainings in FIT FOR LIFE während der Verlängerungsphase.

In der Hauptsache sollte sich eine Evaluation des FIT FOR LIFE-Trainings auf die Fremdbeurteilungen stützen.

Fremdbeurteilung des Jugendlichen

Basierend auf den Beobachtungskategorien von Petermann und Petermann (2000a) zur Einschätzung von aggressivem, initiativelosem und kompetentem Verhalten entwickelten wir einen Fragebogen zur Beurteilung des Verhaltens der Jugendlichen durch außenstehende BeobachterInnen. In unserer Studie waren die BeobachterInnen dann die TrainerInnen selbst und weitere FremdbeurteilerInnen, wie zum Beispiel die KlassenlehrerInnen. Beide Personengruppen sind, im Sinne einer gewünschten Unvoreingenommenheit (siehe hierzu die Erläuterungen in Kapitel 3.2.6), nicht ideal.

Abbildung 8: **Durchschnittliche Einschätzungen der TrainerInnen im Vergleich zwischen Prä- (T1) und Posttest (T2)**

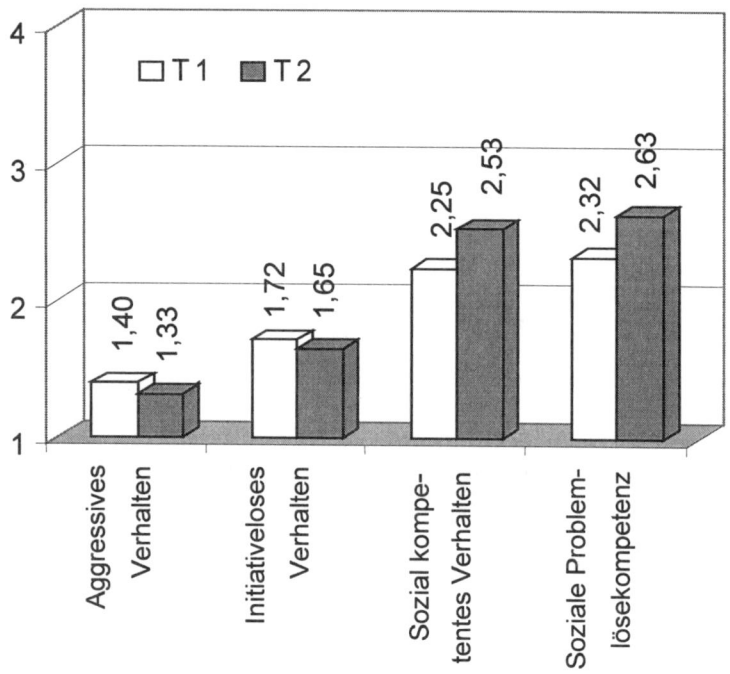

Die Ergebnisse der Hauptphase bestätigen mit den Angaben der TrainerInnen die erwarteten Effekte des FIT FOR LIFE-Trainings. Die Einschätzung der Jugendlichen (s. Abbildung 8) zeigte eine Verringerung bei dem beobachteten aggressiven und initiativelosen Verhalten (was der Verringerung von sozial unerwünschtem Verhalten entspricht) und einer sogar statistisch sehr signifikanten (p=.00) Steigerung bei beobachtetem sozial kompetentem Verhalten und der sozialen Problemlösekompetenz. Die Ergebnisse der Verlängerungsphase fallen ähnlich aus.

Die in Abbildung 8 dargestellten Mittelwerte beziehen sich auf Skalen, deren Wertebereich von eins bis vier reicht. So befinden sich die Mittelwerte zu den

Trainingsgruppen auf den Skalen zu „aggressivem Verhalten" und „initiativelosem Verhalten" bereits auf sehr geringem Niveau, weshalb es auch schwierig ist, das Niveau um einen signifikanten Beitrag zu verringern. Die Angaben der TrainerInnen beziehen sich lediglich auf N=69 bis N=78 Jugendliche, was auf den teilweise beträchtlichen Schwund (zu T1 war das N=118) zurückzuführen ist.

Aus den Angaben der ZweitbeobachterInnen konnte keine Bestätigung des Trainingseffektes festgestellt werden. Dies ist sehr bedauerlich, da von den ZweitbeobachterInnen auch Einschätzungen zur Kontrollgruppe vorliegen, was einen Vergleich der Änderung über die Zeit zwischen den Gruppen hinweg ermöglichen könnte.

In der Verlängerungsphase wurden Fragen zur Einschätzung der Mitarbeit der Jugendlichen während der Trainingsstunden von FIT FOR LIFE von den TrainerInnen beantwortet. Die Antworten zu diesen Fragen, deren Wortlaut der Tabelle 3 entnommen werden kann, deuten auf eine gute Mitarbeit der meisten Jugendlichen hin. Die gute Mitarbeit der Jugendlichen ist als ein Indiz für den Erfolg der durchgeführten Trainings zu sehen.

Tabelle 3: Mitarbeit der Jugendlichen

| Wortlaut der Frage | Nie | | | | | | Ständig |
	0	1	2	3	4	5	6
Anwesenheit physisch	0,0%	2,9%	5,7%	20,0%	17,1%	22,9%	*31,4%*
Anwesenheit psychisch	0,0%	11,4%	8,6%	14,3%	*22,9%*	22,9%	20,0%
Aktive Beteiligung an Spielen	0,0%	14,3%	5,7%	11,4%	17,1%	*31,4%*	20,0%
Aktive Beteiligung an den Diskussionen	0,0%	14,3%	5,7%	11,4%	25,7%	*28,6%*	14,3%
Kooperation mit anderen Jugendlichen	0,0%	11,4%	11,4%	5,7%	25,7%	*34,3%*	11,4%
Kooperation mit Trainer	0,0%	2,9%	11,4%	8,6%	22,9%	*31,4%*	22,9%
Einbringen eigener Ideen	5,7%	14,3%	5,7%	14,3%	*28,6%*	17,1%	14,3%
Stören des Trainings	*40,0%*	22,9%	14,3%	8,6%	8,6%	2,9%	2,9%
Aufmerksamkeit	0,0%	11,4%	8,6%	17,1%	*28,6%*	25,7%	8,6%

Anmerkung. Die Angaben beruhen auf den Einschätzungen der TrainerInnen zu N=35 Jugendlichen am Ende des Trainings in FIT FOR LIFE während der Verlängerungsphase.

Wir haben versucht, die zuvor berichteten Effekte (s. Abbildung 8) mit der Mitarbeit in Beziehung zu setzen. Die Vermutung liegt nahe, dass die Jugendlichen, die besser mitarbeiten, auch größere Erfolge haben. Hierzu wurden zu jedem Jugendlichen Differenzvariablen (Einschätzung zum Prätest minus Einschätzung zum Posttest) gebildet. Dieser Variablenwert wird mit der durchschnittlichen Mitarbeit (Summe der Einzelwerte zu den Fragen aus Tabelle 3, wobei zum negativ formulierten Item, zum Stören des Trainings, die Werte angepasst wurden) korreliert. Wie in Tabelle 4 ersichtlich, fällt die Korrelation

wie erwartet aus, die sozial unerwünschten Verhaltensweisen korrelieren positiv und die sozial erwünschten Verhaltensweisen negativ mit der Skala zur Mitarbeit. Die Korrelation der Mitarbeitswerte mit denen des initiativelosen Verhaltens sind sogar signifikant und die Korrelation mit den Werten des sozial
kompetenten Verhaltens fallen sogar sehr signifikant aus.

Tabelle 4: **Zusammenhang zwischen der Mitarbeit der Jugendlichen und
der Veränderung des sozialen Verhaltens im FIT FOR LIFE-
Training**

Skala	Korrelation nach Pearson	Signifikanz (2-seitig)
Aggressives Verhalten	,17	,46
Initiativeloses Verhalten	,46	,04 *
Sozial kompetentes Verhalten	-,58	,01 **
Soziale Problemlösekompetenz	-,35	,12
Einschätzung sozialer Kompetenzen	-,36	,11

Anmerkung. Die Angaben beruhen auf den Einschätzungen der TrainerInnen zu N=21
Jugendlichen aus der Verlängerungsphase.

Zusammenfassung
Aufgrund der präsentierten Ergebnisse betrachten wir die erwarteten Effekte
des Trainings als bestätigt. Diese Bestätigung konnten wir nicht in allen Bereichen wiederfinden. Mit den Erfahrungen aus den zurückliegenden Untersuchungen konnten wir eine Reihe von Verbesserungen in den Evaluationsinstrumenten vornehmen. Diese werden in Kapitel 3.2.6 vorgestellt und sind als
ausgearbeitete Fragebögen in Jugert et al. (2001) wiederzufinden.

3. Fortbildung im Training sozialer Kompetenz

3.1 Ziele und Methoden

Eine Fortbildung zu einem Trainingsprogramm umfasst die Erarbeitung der theoretischen Konzepte und die Vermittlung praktischer Kompetenzen, die benötigt werden, um die Inhalte in die Praxis umzusetzen. Damit werden zwei Ziele angesprochen, die weiter differenziert werden müssen. Zunächst geht es um die Aneignung der Grundlagen aus Lerntheorie und Entwicklungspsychologie, der Methoden des Trainings, des Trainingsaufbaus, des TrainerInnenverhaltens und die Bereitschaft, das Trainingskonzept umzusetzen. Ähnlich differenziert stellen sich die Ziele im Handlungsbereich dar. Hier geht es unter anderem um die Arbeit mit Regeln und die Durchführung von Rollenspielen und Verhaltensübungen. Ebenso soll die Umsetzung der konkreten Module des Trainings einschließlich erforderlicher Modifikationen und Anpassungen beherrscht werden. In Kasten 19 wird eine Übersicht der Ziele der Fortbildung zum FIT FOR LIFE-Training sozialer Kompetenz gegeben.

Aus den Zielen der Fortbildung zum Training sozialer Kompetenz für Jugendliche ergeben sich Folgerungen für die Themen und Methoden der Fortbildung. Die Themen werden in Kapitel 3.2 dargestellt. Hier soll näher auf die Methoden, Sozialformen[4] und Medien einer Fortbildung eingegangen werden.

Zusammenhang von Theorie und Methoden

Die Methoden und Vorgehensweisen im Kompetenztraining basieren im Wesentlichen auf denen der Verhaltenstherapie. Wie in Kapitel 1 des Buches ausgeführt wurde, beruht die Verhaltenstherapie wiederum auf der Lerntheorie. Ausgehend von der Verhaltenstherapie wurden seit den siebziger Jahren des 20. Jahrhunderts Selbstsicherheitstrainings und später Trainings sozialer Kompetenz entwickelt. Für die Qualifizierung einer TrainerIn sind Kenntnisse der zugrunde liegenden Theorien und Konzepte erforderlich. So ist zum Beispiel auf dem Hintergrund der sozial-kognitiven Lerntheorie ein Rollenspiel folgendermaßen aufgebaut: Es besteht aus dem Modellverhalten der TrainerIn und der präzisen Aufgabenstellung in der Vorbereitungsphase, der Durchführung mit Wiederholung und Rollenwechsel und der Auswertung mit Videofeedback, Verstärkung und Transfer.

---

4 Die Sozialform bezeichnet die Vermittlungsform der Inhalte: Einzellernen, Gesamtgruppe, Kleingruppe, PartnerInnenarbeit.

Kasten 19:	Ziele der Fortbildung zum Training sozialer Kompetenz
Grobziele	**Feinziele**
Aneignung des Trainings-konzeptes	Grundlagen des Trainings, bestehend aus • sozial-kognitiver Lerntheorie, • Modell der sozial-kognitiven Informationsverarbeitung, • entwicklungspsychologischen und • verhaltenstherapeutischen Konzepten. Kenntnis von • Aufbau und Modulen des Trainings, • Methoden des Trainings, • angemessenem TrainerInnenverhalten und • Evaluationsmethoden.
Umsetzung in der Praxis	Bereitschaft, das Trainingskonzept umzusetzen. • Methoden des Trainings, • Trainingsstruktur und Sitzungsaufbau, • TrainerInnenverhalten, das den Trainingszielen und -grundsätzen entspricht, • Fähigkeit, das Training an konkrete Zielgruppen und Settings anzupassen.

Der Vermittlung der Methoden des Kompetenztrainings und eines angemessenen TrainerInnenverhaltens kommt in der Vorbereitung absolute Priorität zu. Hieraus ergibt sich für die Fortbildung, dass sie die Methoden des Trainings widerspiegeln sollte. Die TrainerInnen erhalten häufig Gelegenheit, Trainingseinheiten selbst zu planen und durchzuführen. Die TrainerIn kann mit den neuen Verhaltensweisen experimentieren und die Trainingsmethoden durch wiederholtes Handeln optimieren. Durch gezieltes Üben gewinnt die TrainerIn zunehmend an Sicherheit und erhöht ihre professionelle Selbstwirksamkeit. Das wiederholte Probehandeln, verbunden mit kollegialer Rückmeldung, bietet die beste Gewähr dafür, dass die Methoden und Verhaltensweisen des Trainings effektiv und sicher erworben werden.

Methoden der Fortbildung zum Kompetenztraining

Im Übrigen sind bei der methodischen Gestaltung, der Wahl von Sozialformen sowie der Verwendung von Medien und Materialien die Erkenntnisse und Methoden der modernen Erwachsenenbildung zu berücksichtigen (Knoll, 1997). Zur Visualisierung sowohl der theoretischen als auch der methodischen Trainingsinhalte stehen in Jugert et al. (2001) Arbeitsblätter zur Verfügung, die als Folien mit Hilfe des Overheadprojektors projiziert werden. Bei der Erarbeitung von Themen sollte möglichst häufig außer dem Vortrag oder einer Einführung der FortbildnerIn[5] ein Brainstorming und Metaplanarbeit als Methode gewählt werden. Über den allgemeinen Aktivierungseffekt hinaus haben Methoden-kombinationen eine größere Behaltensleistung zur Folge, da die Information über mehrere Sinne gleichzeitig aufgenommen wird. Um die TrainerInnen zu aktivieren, ist die Bearbeitung von Aufgaben auf der Grundlage der Arbeitsbogen aus Jugert et al. (2001) in PartnerInnen- oder Kleingruppenarbeit angezeigt. Fortbildungsübungen zu Methoden, Modulen und TrainerInnenverhalten werden in PartnerInnen- oder Kleingruppenteams vorbereitet und meistens in der Gesamtgruppe präsentiert und ausgewertet.

In der *Vorbereitungsphase* ist wie beim Kompetenztraining zu beachten, dass das zu übende Verhalten bereits in dem Modellverhalten der FortbildnerIn vorgegeben wird. Bei den Aufgaben für PartnerInnenteams und Kleingruppen ist weiter zu berücksichtigen, dass der Schwierigkeitsgrad nicht zu hoch angesetzt wird und dass auch hier - wie im Training - der Grundsatz gilt: Vom Leichten zum Schweren. Wenn die Kenntnisse und Fertigkeiten der TrainerInnen unterschiedlich sind, soll die FortbildnerIn dafür sorgen, dass auch in den Kleingruppen heterogene Voraussetzungen vorhanden sind. Bei der Bildung der Kleingruppen ist zu berücksichtigen, dass einerseits die Gruppen nicht zu groß sind (möglichst nicht mehr als vier Personen), da sonst Leerlauf eintritt und die Übungsintensität abnimmt, und dass sich andererseits nicht zu viele Kleingruppen bilden, die nicht mehr ausreichend beraten werden können. Ein weiterer Nachteil bei zu vielen Kleingruppen besteht darin, dass zu viel Zeit für Präsentation und Auswertung benötigt wird. Während der *Planungsphase* sucht die FortbildnerIn die Kleingruppen auf, beobachtet die Arbeit, berät die TrainerInnen und greift notfalls korrigierend ein. In der *Präsentationsphase* stellen die TrainerInnen ihr erarbeitetes Ergebnis in der Gesamtgruppe vor. Das Ergebnis kann in einem Feedback zu einer Handlung einer anderen Person bestehen, in der Erarbeitung einer Gruppenregel oder in der Durchführung eines Rollenspiels aus dem Trainingsprogramm. Während der Präsentation einer Trainingssequenz führt ein Teil der Fortbildungsgruppe eine Beobachtungsübung durch (Kanfer et al., 2000). Ein präzises Beobachten ist zunächst eine vorzügliche Quelle für neues TrainerInnenverhalten. Hinzu kommt in der *Auswertungsphase* das Feedback, durch das methodische Fertigkeiten korrigiert, ergänzt und optimiert werden. Die Kenntnis der Feedbackregeln wird hierbei vorausgesetzt, ebenso soll der Einsatz von Videoaufzeichnung und -wiedergabe mit der Gruppe geklärt sein. Im Kompetenztraining wird die Aufzeichnung von Rollenspielen und Verhaltensübungen durch die Videokamera befürwortet (Jugert et al., 2001; Petermann & Petermann, 2000a). Die Verwendung der Videoaufzeichnung und -wiedergabe in der Fortbildung ist zweifacher Art: Die Handhabung und den Einsatz des Gerätes lernt man nur durch seine Anwendung im Kontext. Das Erlernen von Methoden und professionellem Verhalten ist mit Einsatz von

---

5 Als FortbildnerIn bezeichnen wir diejenige Person, die das Kompetenztraining beherrscht und es TrainerInnen vermittelt.

Videofeedback effektiver als ohne. Wenn es sich bei den Präsentationen um einen Teil einer Trainingssitzung handelt, wird zunächst entschieden, wer genau den Teil durchführt, also als TrainerIn agiert, und wer Mitglied der Trainingsgruppe ist, die an der Durchführung teilnimmt. Die übrigen TrainerInnen erhalten die Aufgabe, das Training zu beobachten. Eine der TrainerInnen führt die Videokamera und zeichnet die Präsentation auf. In Kasten 20 wird die im Vorstehenden beschriebene Fortbildungsübung in übersichtlicher und strukturierter Form dargestellt.

Kasten 20: Fortbildungsübung zu Methoden, Modulen, TrainerInnenverhalten	
Methode	**Sozialform**
Vorbereitungsphase • Aufgabenstellung • Modellverhalten • Materialgrundlage • Kleingruppenbildung	Gesamtgruppe
Planungsphase • Durchführung eines Trainingselements planen • Beratung durch FortbildnerIn	Kleingruppe
Präsentationsphase • Rollenverteilung: Durchführende TrainerInnen Trainingsgruppe Videoaufzeichnung BeobachterInnen • Durchführung (wenn nötig mit Zeitraffer)	Gesamtgruppe
Auswertungsphase • Stellungnahmen der durchführenden TrainerInnen: Kognitionen und Emotionen während der Durchführung; Selbsteinschätzung • Trainingsgruppe: Feedback • BeobachterInnen (inklusive Fortbildnerin): Feedback Wiedergabe von Ausschnitten der Videoaufzeichnung (Auswertung wie oben).	Gesamtgruppe

Vor der Präsentation ist zu klären, ob sie in Form einer Simulation einer Trainingssituation mit Jugendlichen durchgeführt wird, das heißt ob die TrainerInnen sich in Jugendliche einfühlen und diese „spielen" oder nicht. Argumente, die für eine Simulation sprechen, liegen in einer grundsätzlich wünschenswerten Annäherung an die Realsituation. Dagegen spricht, dass die Simulation für viele TrainerInnen eine schwierige Aufgabe darstellt, dass es leicht zu Rollenkonfusionen und Rollenbrüchen kommt. Von TrainerInnen kann zu recht eingewandt werden, dass das reale Verhalten der Jugendlichen ganz anders aussieht. Ein weiteres Problem der Simulation liegt darin, dass oft besonders schwierige Jugendliche gespielt werden. Das gefährdet bisweilen den Strukturierungs- und Identifikationsprozess und damit den Trainings- oder Fortbildungserfolg. In den meisten Fortbildungsgruppen hat es sich bewährt, dass die TrainerInnen bei Übungen und Rollenspielen keine Jugendlichen oder andere Personen spielen, sondern sich selbst und damit auch die bestmögliche Identifikation mit dem Trainingsgeschehen erreichen.

Die Dauer der Präsentation ist abhängig von der Komplexität des zu übenden Elementes. Während bei einer Feedbackübung zehn Minuten ausreichend sein können, sind für die Präsentation eines gesamten Trainingsvorschlages eher 20 bis 30 Minuten angemessen. Hierbei ist es empfehlenswert, mit „Zeitraffern" zu arbeiten (Grell & Grell, 1999). Die durchführenden TrainerInnen kürzen an passenden Stellen die Zeitdauer, die sie mit jugendlichen TeilnehmerInnen normalerweise auf die jeweilige Phase verwenden würden. Eine passende Stelle kann zum Beispiel das Ausfüllen eines Arbeitsbogens sein, den die TrainerInnen gewöhnlich schneller ausfüllen als eine Gruppe von Jugendlichen. Es sollte zuvor vereinbart werden, dass die durchführenden TrainerInnen an den betreffenden Stellen die Zeitraffer deutlich signalisieren.

Bei der Auswertung von praktischen Übungen gibt es einige grundsätzliche Dinge zu beachten. Während die Videoaufzeichnung zurückspult, kann die FortbildnerIn bereits eine erste Feedbackrunde durchführen. Zu Beginn sollen die jeweils präsentierenden TrainerInnen immer kurz beschreiben, wie es ihnen während der Durchführung ergangen ist, das heißt welche Kognitionen und Emotionen sie hatten. Zusätzlich geben sie an, inwiefern sie mit ihrer Durchführung zufrieden sind und wo sie Veränderungen vornehmen würden. Dies dient sowohl dem Abbau von Anspannungen als auch der besseren Beherrschung der jeweiligen Technik oder Methode. Danach geben die Trainingsgruppe, die übrigen TrainerInnen und die FortbildnerIn ein erstes kurzes Feedback. Es wird dann nach dem Votum der TrainerInnen und der FortbildnerIn entschieden, welche Stellen der Videoaufzeichnung angeschaut und ausgewertet werden sollen. Die Wiedergabe der gesamten Videoaufzeichnung von etwa 30 Minuten nimmt zu viel Zeit in Anspruch. Außerdem ist die gezielte Auswertung einzelner Sequenzen effektiver. Bei der Wiedergabe einer Videosequenz wird nach dem gleichen Feedbackprinzip vorgegangen wie direkt nach der Durchführung. Die FortbildnerIn sollte darauf achten, dass die Feedbackregeln eingehalten werden, und dass das Feedback für TrainerInnen nicht zu massiv und damit destruktiv wird, sondern vor allem Alternativen und Verbesserungen enthält.

Methodenwechsel

Auch wenn die Praxis des Trainings im Mittelpunkt der Fortbildung steht, sollte insgesamt für einen Wechsel nicht nur der Themen, sondern auch der Methoden gesorgt werden. Das heißt klassische Seminarformen wie Vortrag und Diskussion sollten durch Visualisierungen, Brainstormings und Metaplanarbeit erweitert und angereichert werden. Die Sozialformen der Gesamtgruppe, der Einzel- oder Stillarbeit, der PartnerInnenarbeit und der Kleingruppe sollten einander abwechseln, ebenso die Präsentationen der Ergebnisse in Vortrag, Thesen, Statements, Overheadprojektion, Rollenspiel, Übung und Simulation. Hinzu kommen altersgemäße Varianten der Trainingsrituale wie die Erfragung der Stimmungslage zu Beginn und die Abschlussrunde zum Ende einer Fortbildungssitzung.

Zeitliche Gestaltung

Die Dauer der Fortbildung ist davon abhängig, ob die TrainerInnen Kenntnisse in den theoretischen Grundlagen und in der Methodik sowie Erfahrungen in der Arbeit mit Jugendlichen mitbringen. Ist dies der Fall, genügen 30 bis 40 Fortbildungsstunden, um die Kenntnisse und Verhaltensweisen zu erwerben, die zur Durchführung des Trainings befähigen. Für Personen, die solche Kenntnisse nicht besitzen, ist eine Fortbildung von 50 bis 60 Stunden empfehlenswert.

Verteilung der Themen innerhalb der Fortbildung

Einige der theoretischen Grundlagen sollten zu Beginn der Fortbildung behandelt werden. Das trifft insbesondere auf das Konzept der sozialen Kompetenz, das Modell der sozial-kognitiven Informationsverarbeitung und die sozialkognitive Lerntheorie zu. Hierbei ist die soziale Kompetenz das umfassende Ziel des Trainings. Aus dem Modell der sozial-kognitiven Informationsverarbeitung sind die meisten Einzelziele des Trainings abgeleitet. Auf der sozialkognitiven Lerntheorie beruhen die Hauptmethoden des Trainings.

Von den Methoden und dem TrainerInnenverhalten sind die Behandlung der Feedbackregeln und das strukturierte Rollenspiel an den Beginn der Fortbildung zu stellen. Das konstruktive Feedback ist ein Teil der Methodik der Fortbildung (wie des Trainings); das strukturierte Rollenspiel ist die zentrale Methode des Trainings und sollte daher während der gesamten Dauer der Fortbildung geübt werden. Insgesamt ist der Behandlung praktischer Anteile das Hauptgewicht einzuräumen: Dem Planen und Durchführen von Trainingsphasen und Trainingssitzungen und dem Üben von Methoden und TrainerInnenverhalten. Dennoch sollte in jeder Fortbildungssitzung auch ein theoretischer Aspekt behandelt werden, um zu erreichen, dass die praktischen Fertigkeiten theoretisch eingeordnet und abgeleitet werden können.

Gestaltung der Fortbildungssitzung

Bei der Gestaltung der einzelnen Treffen ist für eine Variation hinsichtlich Themen (Theorie und Praxis), Medien und Methoden zu sorgen. In jeder Sitzung sollte die Praxis im Vordergrund stehen. Das bedeutet, den TrainerInnen die Anleitung, die Impulse, die Hilfsmittel an die Hand zu geben, mit denen sie möglichst selbständig arbeiten und üben können.

Zu Beginn einer Fortbildungssitzung ist die Einführung eines Rituals empfehlenswert, das dem *Trainingsritual „Stimmungslage"* (vgl. Kapitel 2.4.3) nachgebildet werden kann. Dadurch wird das Lernklima der Fortbildungsgruppe in der Regel positiv beeinflusst. Jede TrainerIn kann auf diese Weise eigene Erfahrungen mit einem Eröffnungsritual sammeln. Wünsche und Bedürfnisse in der Gruppe können zwanglos geäußert werden. In der ersten Sitzung einer Fortbildung erfolgt dies im Kontext der Vorstellungsrunde.

Auch wenn es Bestandteil des Fortbildungsvertrages ist, empfiehlt es sich, zu Beginn der ersten Fortbildungssitzung einige *Arbeitsvereinbarungen* mit der Gruppe zu treffen:

* Pünktliches Erscheinen,
* Vertraulichkeit über alle personenbezogenen Dinge der Fortbildung,
* Freiwilligkeit der Teilnahme an Übungen und Rollenspielen.

Mit solchen Arbeitsvereinbarungen wird die Arbeitsfähigkeit von Gruppen gefördert und aufrecht erhalten (Feldhege & Krauthan, 1979).

Die FortbildnerIn sollte die *Ziele, Themen, Methoden und Medien der Fortbildung* den TrainerInnen, unterstützt durch eine geeignete Visualisierung (Overheadprojektor, Flipchart, Tafel, Wandzeitung usw.), vorstellen und erläutern. Dies entspricht einer in der Erwachsenenbildung geforderten Transparenz, die zugleich die Motivation der Gruppenmitglieder fördert (Knoll, 1997; Petermann, 1996).

Die *Erwartungen der TrainerInnen* sind in Form eines Brainwriting, der schriftlichen Form des Brainstormings, abzufragen. Dabei sind die Erwartungen zu Themen, Inhalten, Arbeitsweisen, Ergebnissen und zur Umsetzbarkeit in der Praxis auf Karteikarten zu schreiben. Wegen der weiteren Verwendung sollte auf eine Karte nur eine Erwartung geschrieben werden. Mit Hilfe der beschriebenen Karten wird anschließend ein Metaplan gebildet, der die Erwartungen der Gesamtgruppe widerspiegelt. Die einzelnen Erwartungen werden von den TrainerInnen erläutert. Die FortbildnerIn nimmt zu den Erwartungen Stellung, bestätigt Erwartungen, zeigt konkrete Mitbestimmungsmöglichkeiten auf und relativiert unrealistische Erwartungen. Auch diese Übung schafft Transparenz und motiviert durch Aufzeigen konkreter Mitbestimmungsmöglichkeiten (Petermann et al., 1999).

Als erstes theoretisches Thema bietet sich das *Konzept der sozialen Kompetenz* an, da es das generelle Ziel des Trainings darstellt. Jedoch ist die Bearbeitung der sozial-kognitiven Lerntheorie oder des Modells der sozial-kognitiven Informationsvereinbarung ebenfalls denkbar.

Kasten 21: Aufbau einer Einführungssitzung

Thema	Methode	Medium
Trainingsritual „Stimmungslage"/ Vorstellung Arbeitsvereinbarungen: Pünktlichkcit Vertraulichkeit Freiwilligkeit		
Ziele, Themen, Methoden und Medien des FIT FOR LIFE-Trainings und der Fortbildung	Vortrag	Overhead-projektion Arbeitsbogen 2 des Fortbildungs-moduls „Ziele des Trainings" (Jugert et al., 2001)
Erwartungen der TrainerInnen	Brain-writing Metaplan	
Konzept der sozialen Kompetenz	Vortrag Erarbeitung	Overhead-projektion Arbeitsbogen 1 des Fortbildungs-moduls „Ziele des Trainings" (Jugert et al., 2001)
Entspannung	Demonstra-tion	
Feedbackübung	Demonstra-tion Übung in Teams Auswertung in Gesamt-gruppe	Videoaufzeich-nung Videowiedergabe
Abschlussrunde - Feedback zur Sitzung		

Als erste verhaltensbezogene Übung ist eine *Feedbackübung* besonders geeignet, da sie einerseits relativ einfach ist, andererseits die Methode des Feedbackgebens vielen einleuchtet, jedoch von wenigen praktiziert wird und daher immer wieder geübt werden muss (Fengler, 1998).

Die FortbildnerIn sollte verschiedene Gelegenheiten nutzen, *Entspannungs- und Konzentrationsübungen* mit den TrainerInnen durchzuführen. Auch hier ist wichtig, dass die TrainerInnen die Entspannung häufig erfahren. Besonders geeignete Zeitpunkte für die Durchführung sind: Der Beginn einer Fortbildungssitzung am frühen Nachmittag, nach einer Pause oder nach einer längeren Theoriephase. Dabei sollte eine gewisse methodische Variabilität gezeigt werden, damit die TrainerInnen Anregungen für verschiedene Entspannungsmethoden bekommen, ihre eigenen Reaktionen auf die Entspannungsmethoden kennen lernen und ebenso Hinweise bekommen, wann welche Entspannungs- und Konzentrationsübung passt. Es ist bekannt, dass die Entspannungsmethoden bei den einzelnen TeilnehmerInnen unterschiedlich gut wirken und unterschiedliche Akzeptanz finden (Vaitl & Petermann, 2000). So ist bei einem Leistungstief am frühen Nachmittag ein aktives Entspannungs- und Konzentrationsverfahren wie die progressive Muskelentspannung eher indiziert als ein imaginatives Verfahren.

Das Videofeedback, das im Training eingesetzt und für unverzichtbar gehalten wird, sollte bereits am ersten Fortbildungstag eingeführt werden, da ansonsten die Vermeidungs- und Abwehrhaltung zunimmt. Die beschriebene Einführungssitzung wird in Kasten 21 im Überblick wiedergegeben.

Fortbildungsvertrag
Der Fortbildungsvertrag (Übersicht in Kasten 22) zwischen der FortbildnerIn einerseits und den TrainerInnen beziehungsweise der Institution andererseits sollte folgende Punkte definitiv festlegen:

Dauer oder Umfang der Fortbildung: Empfehlungen dazu wurden bereits ausgeführt.

Ziele der Fortbildung: Je nach Vorbildung der TrainerInnen und nach Interessen der Institutionen können die Schwerpunkte variieren. Eine möglichst präzise Zielbestimmung fördert die Motivation der TrainerInnen und hilft, Enttäuschungen zu vermeiden.

Themen der Fortbildung: Die Themen werden zunächst vom Trainingskonzept vorgegeben (vgl. Kapitel 3.2). Jedoch kann eine Anpassung und Schwerpunktbildung durch die spezifischen Zielsetzungen erforderlich sein.

Medien: Hier sollte ausdrücklich festgehalten werden, dass in der Seminarstätte die erforderlichen Medien wie Overheadprojektor, Videoanlage für Aufnahme und Wiedergabe, Tafel, Flipchart und Ähnliches vorhanden sind.

Material: Es ist ebenfalls festzustellen, ob die AuftraggeberIn oder die FortbildnerIn das Trainingsmaterial stellt. Hierzu zählen Papier, Metaplankarten, Pinpapier, Tonpapier, Plakate, Farben, Pinsel, Farbstifte, Eddings ebenso wie die Arbeitsbögen, die als Handouts für die TrainerInnen zu kopieren sind.

Literatur: Die Fortbildung im Training sozialer Kompetenz für Jugendliche ist sicherlich effektiver und nachhaltiger, wenn die TrainerInnen außer dem vorliegenden Buch auch das Manual von Jugert et al. (2001) erworben haben und in die Fortbildung einbringen. Da das jedoch nicht verbindlich gefordert werden kann, sollte eine beauftragende Institution nach Möglichkeit dazu veranlasst werden, ihren MitarbeiterInnen eine ausreichende Anzahl von Manualen zur Verfügung zu stellen. Individuell teilnehmenden und zahlenden TrainerInnen ist die Anschaffung des Manuals nahe zu legen, da das Kennenlernen und Erarbeiten der Module ein Kernthema der Fortbildung sind.

Kasten 22: Schema eines Fortbildungsvertrages
• Umfang/Dauer
• Verteilung der Fortbildungsstunden
• Ziele
• Themen
• Methoden
• Medien
• Material - Literatur
• Arbeitsvereinbarungen
• Honorar

Arbeitsvereinbarungen: Bewährt haben sich die Vereinbarungen Pünktlichkeit, Vertraulichkeit und Freiwilligkeit. Während der Punkt Pünktlichkeit keiner Erwähnung bedarf, ist zur Vertraulichkeit zu bemerken, dass keine personenbezogenen Daten aus der Gruppe herausgetragen werden sollten. Ein Verstoß gegen diese Vereinbarung verletzt das Vertrauen und die Offenheit in einer Arbeitsgruppe erheblich (Petermann, 1996). Mit Freiwilligkeit ist gemeint, dass eine TrainerIn nicht gezwungen ist, an einer Übung oder einem Rollenspiel teilzunehmen. Zwar kann erwartet werden, dass eine TrainerIn grundsätzlich an allen Übungen und Methoden teilnimmt, um sie zu erlernen, jedoch ist zu respektieren, wenn sie sich in einem bestimmten Moment dazu nicht in der Lage sieht.

Honorar: Das Honorar variiert erfahrungsgemäß nach eigenem Anspruch, nach dem Markt, den Bereichen außerschulische Bildung und Schule, Jugendhilfe und Wirtschaft.

Auch wenn in diesem Abschnitt die Ziele und die Methoden der Fortbildung zum Training sozialer Kompetenz für Jugendliche dargestellt wurden, soll abschließend darauf hingewiesen werden, dass es sich dabei mehr um allgemeine Hinweise und Empfehlungen handelt. In Jugert et al. (2001) ist neben dem Trainingsprogramm FIT FOR LIFE auch ein Manual für die Fortbildung zum FIT FOR LIFE-Training enthalten, das zu jedem der elf Fortbildungsmodule drei Übungsvorschläge anbietet. Die Methodik der Übungsvorschläge des Fortbildungsmanuals entspricht im Wesentlichen der in diesem Abschnitt beschriebenen. In der Feindifferenzierung weisen die vorgeschlagenen Übungen im Zusammenhang mit den Arbeitsbögen jedoch eine große Variationsbreite auf.

3.2 Themen/Module der Fortbildung

3.2.1 Theoretische Grundlagen des Trainings

Die Theorien, auf denen das Kompetenztraining basiert, wurden im 2. Kapitel bereits ausführlich dargestellt. An dieser Stelle wird beschrieben und begründet, welche Elemente und Komponenten der Theorien ausgewählt und in der Fortbildung behandelt werden. Grundsätzlich ist eine Beschränkung und Reduktion derart vorgenommen worden, dass nur die Elemente und Aspekte in der Fortbildung erarbeitet werden, deren Zusammenhang mit dem Training nachvollziehbar ist.

Die Behandlung der theoretischen Grundlagen beginnt logischerweise mit den Zielen des Trainings. Hier ist das *Konzept der sozialen Kompetenz* von Bedeutung, mit dem sich auch das erste Kapitel dieses Buches beschäftigt. Das Konzept ist keineswegs so eindeutig definiert, wie es seine häufige Anwendung vermuten lässt. Als Grundlage wird den TrainerInnen ein Modell der sozialen Kompetenz angeboten, das einerseits eine gewisse Geschlossenheit aufweist, andererseits an mehreren Stellen auch als offen aufgefasst werden kann.

Für sozial kompetentes Verhalten werden eine Reihe von kognitiven Fähigkeiten und sozialen Fertigkeiten gefordert, deren Anzahl nicht festgelegt ist. Soziale Einstellungen und Werte der Person haben Einfluss darauf, welche der Fähigkeiten und Fertigkeiten wann eingesetzt werden. Es entscheidet sich jedoch erst in konkreten sozialen Situationen mit ihren Merkmalen und Anforderungen, wie sich eine Person tatsächlich verhält. Denn ein soziales Verhalten wird entsprechend der individuellen sozial-kognitiven Informationsverarbeitung der Situation gezeigt. Die beschriebenen Einflussfaktoren, die insgesamt die soziale Kompetenz ausmachen, werden in Kasten 23 dargestellt.

Aus dem Modell der sozialen Kompetenz und dem der sozial-kognitiven Informationsverarbeitung sind die Zielsetzungen des Trainings abgeleitet worden wie sie in Kapitel 2.3 dargestellt sind.

Da die Anzahl der sozialen Fertigkeiten, die zu sozial kompetentem Verhalten zählen, theoretisch unabgeschlossen ist, kann eine TrainerIn jederzeit das Üben einer weiteren Fertigkeit in das Training aufnehmen. Innerhalb der Fortbildung wird geübt, aus sozialen Fertigkeiten Feinziele abzuleiten, die in einem Kompetenztraining bearbeitbar sind. Am Beispiel der sozialen Fertigkeit *Gewaltfreier Umgang mit Menschen* in Kasten 24 wird gezeigt, wie das Grobziel in Feinziele zerlegt und damit trainierbar gemacht wird.

Kasten 23: Soziale Kompetenz

Soziale Fähigkeiten und Fertigkeiten	Soziale Situation
• Genaue Wahrnehmung • Erkennen von Gefühlen • Ausdrücken von Gefühlen • Einfühlungsvermögen (Empathie) • Kommunikation • Kooperation • Selbstkontrolle • Selbststeuerung • Realistische Selbsteinschätzung • Rationale Konfliktlösung	• Herausforderung • Aufgabe • Komplexitätsgrad • Attraktivität • Belohnung • Vertrautheit - Fremdheit
Soziale Einstellungen und Werte	**Sozial-kognitive Informationsverarbeitung**
• Respektieren der Person • Würde des Menschen respektieren • Gegenseitige Abhängigkeit • Streben nach Anerkennung	• Wahrnehmung • Interpretation • Reaktionssuche • Reaktionsbewertung und -auswahl • Handeln

Kasten 24: Soziale Feinziele

Grobziel:	Gewaltfreier Umgang mit anderen Menschen
Feinziele:	• Um Erlaubnis fragen • Etwas mit anderen teilen • Anderen helfen • Seine Gefühle ausdrücken • Die Gefühle anderer erkennen • Die Gefühle anderer verstehen • Verhandeln • Selbstkontrolle üben • Nein sagen

Die sozial-kognitive Lerntheorie ist die theoretische Basis des Trainings. Im Mittelpunkt der Behandlung stehen die vier Prozesse des sozial-kognitiven Lernens, wie sie in Kasten 25 schematisch dargestellt werden. Am Anfang des

Lernprozesses steht die *Aufmerksamkeit*, die aus einer Wechselwirkung von Bedingungen der Reizsituation (z.B. der Situation im Training) mit Merkmalen des Lernenden resultiert. Inwiefern die Inhalte der Reizsituation vom *Gedächtnis* gespeichert werden, hängt davon ab, ob die Verschlüsselung der Information durch Symbole, durch eine innere Repräsentation und durch symbolische Wiederholung unterstützt wird. Das Umsetzen des kognitiv Aufgenommenen in *Verhalten* ist von körperlichen Fähigkeiten und der Verfügbarkeit von Teilhandlungen abhängig und wird durch Rückmeldung von außen und innen unterstützt. Im Prozess der *Motivation* ist das sozial-kognitive Lernen auch von Verstärkung abhängig, die allerdings nicht nur in äußerer, direkter Verstärkung besteht, sondern auch in stellvertretender und Selbstverstärkung. Kasten 25 gibt die Prozesse der sozial-kognitiven Lerntheorie im Überblick wieder.

Kasten 25: Sozial-kognitive Lerntheorie	
Aufmerksamkeit	**Gedächtnis**
Reizbedingungen: • Auslösen von Betroffenheit • Komplexität • Bedeutsamkeit Merkmale des Lernenden: • Wahrnehmungsfähigkeit • Wahrnehmungshaltung • Aktiviertheit • Motivation (frühere Verstärkungen)	Wird unterstützt durch: • Symbolische Verschlüsselung • Innere Repräsentation • (Symbolische) Wiederholung
Verhalten ausführen	**Motivation**
• Körperliche Fähigkeiten • Verfügbarkeit der Teilhandlungen • Feedback durch Selbstbeobachtung und durch Außenstehende	• Äußere, direkte Verstärkung • Stellvertretende Verstärkung • Selbstverstärkung

Das psychologische *Modell der sozial-kognitiven Informationsverarbeitung* wird in der Fortbildung in Beziehung gesetzt zu sozial kompetentem Verhalten einerseits und zu Begleiterscheinungen bei Verhaltensstörungen andererseits. Aus der Erarbeitung des Modells werden aggressive, apathische und ängstliche Reaktionsweisen Jugendlicher erklärbar und damit der gezielten Förderung zugänglich.

In der Vorbereitung auf das Kompetenztraining wird der Tatsache, dass es sich um ein Training für Jugendliche handelt, Rechnung getragen. Von den möglichen Zugängen wählten wir das Konzept der *Entwicklungsaufgaben*, ein Modell der Entstehung und Aufrechterhaltung *aggressiver Verhaltensmuster* und die Beschreibung des Scheiterns bei Entwicklungsaufgaben durch den Begriff der *Scheinkompetenzen.*

Das in Kapitel 2.1.3 beschriebene Modell der Entwicklungsaufgaben markiert den Fähigkeits- und Fertigkeitsbereich, auf den ein Training sozialer Kompetenz für Jugendliche zielt. Davon ausgehend kann mit den TrainerInnen reflektiert werden, was den Jugendlichen ihrer jeweiligen Institutionen in dieser Hinsicht noch fehlt und wo ihre Ressourcen liegen.

Da die meisten TrainerInnen die Ursachen von Lern- und Entwicklungsverzögerungen und Verhaltensstörungen verstehen möchten, ist dem in der Entwicklung der Fortbildungsmaterialien Rechnung getragen worden. In Anlehnung an Olweus (1996) ist ein *Kreislaufmodell aggressiven Verhaltens* entwickelt worden, in dem die Entstehung von aggressiven Verhaltensmustern illustriert wird (vgl. Abbildung 3, Kapitel 2.1.3).

Einen weiteren wichtigen Aspekt stellt das Konzept der *Scheinkompetenzen* im Kontext der Bewältigung von Entwicklungsaufgaben dar. Die Aktivitäten einer Jugendlichen, die im Bereich des Erwerbs kognitiver und sozialer Fähigkeiten und Fertigkeiten überwiegend Misserfolge erzielt, werden auf andere Bereiche verlagert, in denen leichter Bestätigung zu erlangen ist. So entwickeln sich relativ stabile, jedoch scheinbare Kompetenzen, die den Übergang in die Erwachsenenrolle erschweren, wenn nicht verhindern (Kapitel 2.1.3).

3.2.2 Trainingsmethoden

Auf das Erlernen der Trainingsmethoden (s. Kasten 26) ist große Sorgfalt und Anstrengung zu verwenden. Wenn pädagogische oder psychologische Programme scheitern, liegt es meistens an der mangelhaften Beherrschung der Methoden.

Unsere Erfahrung zeigt Folgendes: Eine gute Beherrschung einer Methode setzt voraus, dass man ihre Anwendung durch andere als AdressatIn oder PartizipantIn positiv erfahren hat. Daher leitet sich auch das allgemeine Prinzip der Fortbildung ab, die Trainingsmethoden in den Fortbildungsmethoden widerzuspiegeln (vgl. Kapitel 3.1).

So beginnt folgerichtig die Erarbeitung der Hauptmethode des Trainings, des *strukturierten Rollenspiels*, damit, dass die TrainerInnen die Aufgabe erhalten, eine soziale Situation im Rollenspiel nachzuspielen und anschließend alternative Verhaltensweisen zu erarbeiten. In dieser Übung setzt sich die TrainerIn selbst der Situation aus, in der sich die TeilnehmerInnen eines Kompetenztrainings häufig befinden. Das trägt außerdem dazu bei, den Nutzen des Warming ups einzusehen, die notwendige Zeit für Vorbereitungen einschätzen zu können, die Beanspruchung im Spiel kennen zu lernen und den Widerstand gegen die Verbalisierung von Erfahrungen im Rollenspiel besser nachvollziehen zu können. In einem zweiten Schritt wird das Rollenspiel im Trainingskontext geübt. Die TrainerInnen führen zunächst im Team, später auch alleine Rollenspiele aus dem Trainingsprogramm durch, erhalten gezieltes und intensives Feedback durch KollegInnen und die FortbildnerIn und können so ihre fachliche Kompetenz verbessern.

Die Trainingsmethode *Verhaltensübung in der Realsituation*, mit der ein Transfer der Trainingsinhalte in die Lebenssituation nachhaltig gefördert werden kann, steht in enger Verbindung zum Rollenspiel. Sie sollte daher in der Fortbildung auch mit dem Rollenspiel verknüpft geübt werden. Die einfache *Verhaltensübung* im Training, mit der isolierte Fertigkeiten eingeübt werden, wird bei der Umsetzung der Module mit erarbeitet.

Neben der Bearbeitung der Module ist die Arbeit mit *Verhaltensregeln* die wichtigste Trainingsmethode. Auch hier erleben die TrainerInnen zunächst, dass in der Fortbildung einige Regeln vorgegeben werden, andere mit ihnen gemeinsam erarbeitet werden. Bei dem gemeinsamen Erarbeiten von *Gruppenregeln* werden die allgemeinen Merkmale von Verhaltensregeln und die Schritte der Erarbeitung eingeübt.

Die individuelle Entsprechung der Gruppenregel ist die *persönliche Regel*. Die TrainerInnen stellen für sich Ziele individueller Verhaltensänderungen auf, die sie unter Anleitung und Beratung mit Hilfe von Beobachtungsbögen und Rückmeldung angehen. Diese Methode wird im Selbstversuch durchgeführt und in der Fortbildungsgruppe ausgewertet und abschließend geklärt.

Kasten 26: Methoden des Trainings

- Strukturiertes Rollenspiel
- Verhaltensübung
- Verhaltensübung in der Realsituation (mit Beobachtungsbogen)
- Verhaltensregeln (Gruppenregel, persönliche Regel)
- Trainingsrituale und Warming up
- Entspannung

Weitere Methoden des Trainings sind die Trainingsrituale, das Warming up und die Entspannung. Die *Trainingsrituale* erfahren die TrainerInnen in analogen Ritualen der Fortbildungssitzungen. Die Funktionen der Rituale im Kompetenztraining werden explizit reflektiert. Es werden die Signalkarten und ihre Verwendung eingeführt. Die TrainerInnen haben Gelegenheit, Trainingsrituale in der Fortbildungsgruppe durchzuführen und erhalten Feedback dazu. Analog verfährt man bei der Vermittlung des *Warming up*, das der kognitiven, emotionalen und motorischen Vorbereitung der TrainerInnen auf ein Rollenspiel dient.

Die Durchführung von *Entspannung* sollte sorgfältig vorbereitet werden. Die TrainerInnen bekommen verschiedene Entspannungsverfahren zu verschiedenen Tageszeiten angeboten. Da sich die progressive Muskelentspannung nach

Jacobson (1990) für Jugendliche als besonders geeignet erwiesen hat, wird diese Methode zur Einübung empfohlen. Auch hier gilt, dass eine TrainerIn eine solche Methode mehrmals selbst erlebt und mehrmals unter Kontrolle durchgeführt und dabei Feedback erhalten hat.

Die Übersicht der Methoden des Trainings wird in Kasten 26 gegeben.

3.2.3 Training des TrainerInnenverhaltens

Neben der Beherrschung der Methoden ist das Verhalten der TrainerIn entscheidend für Erfolg oder Nicht-Erfolg des Kompetenztrainings.

Die Kompetenz zur Gesprächsführung wird bei den TrainerInnen im Wesentlichen vorausgesetzt. Zusätzlich sind es in diesem Rahmen drei Komponenten des TrainerInnenverhaltens, die theoretisch begründet und praktisch geübt werden:

- Den TeilnehmerInnen eines Kompetenztrainings gezieltes, konstruktives *Feedback* und damit Verstärkungen zu geben,
- die Verhaltensweisen zu kennen und zu verwirklichen, durch die *Vertrauen* zu den TeilnehmerInnen aufgebaut wird, und
- sie für das Training zu *motivieren*.

Das TrainerInnenverhalten „Feedback geben" wird durch Übungen vermittelt, die eigene Erfahrungen mit dem Verhalten ermöglichen. Nebenbei wird das Pendant des Verhaltens „Feedback geben", das „Annehmen von Feedback", in gleicher Weise geübt. Die nächste Stufe der Übung besteht in der Vorgabe bestimmter Merkmale für das zu erteilende Feedback. Im weiteren Verlauf des Übens von Feedback wird neben der Erweiterung der Feedbackmerkmale die Komplexität der sozialen Situation erhöht, in der Verhalten beobachtet und durch Feedback gewürdigt wird. Über die speziellen Übungen zum Feedback-Verhalten wird diese Komponente des TrainerInnenverhaltens während der gesamten Fortbildung trainiert, indem nach jeder Präsentation eines Trainingsbestandteils Feedback gemäß den Feedbackregeln gegeben wird. Darüber hinaus wird sehr häufig über Funktion und Wirksamkeit, Angemessenheit und Notwendigkeit von Feedback reflektiert.

Grundlegend für die Aspekte des TrainerInnenverhaltens zu Vertrauensaufbau und Motivierung ist die Erkenntnis,

- dass ein Training nur dann gelingt, wenn die Jugendlichen für die Teilnahme am Training motiviert sind,
- vor der Motivierung der Aufbau von Vertrauen zwischen TeilnehmerInnen und TrainerIn liegt, und
- die Voraussetzung zur Kooperation geschaffen ist, wenn die TrainerIn Vertrauen zu den Jugendlichen aufgebaut hat.

Kooperation der TeilnehmerInnen kann weitgehend mit Motivation zur Teilnahme am Training gleichgesetzt werden. Die Aspekte der Motivierung gehen weiter und zielen auf die Aufrechterhaltung der Motivation und auf die Stabilisierung von Motivation zur Weiterentwicklung. In der Fortbildung wird der Vertrauensaufbau und die Motivierung auf der Grundlage von Arbeitsbögen intensiv reflektiert. In den zahlreichen Übungen erhalten die TrainerInnen häufig Feedback und damit Bestätigung oder Verhaltenskorrektur.

3.2.4 Trainingsmodule

Die Darstellung und Übung der Trainingsmodule bilden den Kern der Fortbildung, auf den alle anderen Bestandteile hin ausgerichtet sind. Die Ziele dieses Bereiches sind die Folgenden:

- Die TrainerInnen sollen die Module und ihre Vorschläge aus Jugert et al. (2001) inhaltlich kennen lernen.
- Die TrainerInnen lernen den Sitzungsaufbau des Trainings kennen (vgl. Kasten 12, Kapitel 2.4.5).
- Die TrainerInnen führen einzelne Module selbständig durch.

Die Module des Trainingsprogramms FIT FOR LIFE sind in Jugert et al. (2001) vollständig enthalten und in Kapitel 2.6 des vorliegenden Buches zusammenfassend beschrieben. In der Fortbildung werden die Module zunächst von den TrainerInnen erarbeitet und einander vorgestellt. In weiteren Übungen werden Trainingsvorschläge des Manuals vorbereitet und, anfangs zu zweit oder dritt, später auch alleine der Gesamtgruppe präsentiert (vgl. Fortbildungsübung, Kapitel 3.1). Mit der Behandlung und Übung anderer Komponenten des Trainings (wie Regeln und Entspannung) kann den TrainerInnen zunehmend die Aufgabe gestellt werden, eine gesamte Trainingssitzung zu präsentieren, wenn auch mit Zeitraffern an dazu geeigneten Stellen.

3.2.5 Anpassung des Trainings

In der Praxis des Kompetenztrainings ist es stets erforderlich, die Inhalte des Programms jeweils neu an eine Trainingsgruppe[6] anzupassen, da deren Voraussetzungen unterschiedlich sind. Die Trainingsgruppen können in einiger Hinsicht variieren: Alter, Geschlecht, Bildungsgrad, Beherrschung der deutschen Sprache, kultureller Hintergrund, Temperament und Verhaltensauffälligkeiten.

In der Fortbildungsübung werden die folgenden Fragen bearbeitet, zunächst in Einzelarbeit, dann auch im Team:

- Was zeichnet die Jugendlichen aus, mit denen Sie arbeiten?
- Über welche Ressourcen verfügen diese Jugendlichen?

---

6 Unter Trainingsgruppe verstehen wir eine Kleingruppe Jugendlicher, die am Kompetenztraining teilnimmt.

- Welche Defizite haben sie aus Ihrer Sicht?
- Welche Schwerpunkte würden Sie im Training setzen?
- Welche inhaltlichen Veränderungen würden Sie vornehmen?

Die Vorschläge der Teams werden ausgetauscht, diskutiert und reflektiert. In der Praxis ist es sinnvoll, vor Beginn des Trainings möglichst viele Informationen über die Trainingsgruppe einzuholen, um die Anpassung des Trainingsprogramms optimal zu gestalten.

3.2.6 Evaluation des Trainings

Bei der Evaluation sollen die Effekte des FIT FOR LIFE-Trainings überprüft werden. Wir sind überzeugt, dass möglichst alle Trainings evaluiert werden sollten. Ein gutes Feedback ist bereits eine Vorform der Evaluation. Es führt zur Bestätigung und Verbesserung des eigenen Vorgehens und dient damit der Qualitätskontrolle. Gleichzeitig bringt die Evaluation eine objektive Grundlage für Argumente, das Kompetenztraining in der Praxis einzuführen. Damit die Trainingsevaluation praktikabel wird, möchten wir die Durchführung und Auswertung so einfach und zeitsparend wie möglich machen.

Evaluationen werden vorzugsweise und mit hohem Aufwand im Rahmen von Forschungsprojekten durchgeführt, so wie auch unsere Evaluation (Ergebnisse werden in Kapitel 2.8 präsentiert) im Rahmen eines Forschungsprojektes bei mehreren Bildungsinstituten durchgeführt wurde. Nun ist es unsere Aufgabe, Ergebnisse, Erfahrungen und Produkte unserer Bemühungen mit dem Training FIT FOR LIFE an zukünftige TrainerInnen weiterzugeben und diese zu motivieren, Evaluationen ihrer Praxis vorzunehmen.

Wir stellen uns vor, dass nicht nur TrainerInnen, sondern auch StudentInnen und WissenschaftlerInnen an unseren Vorschlägen zur Evaluation des Trainings interessiert sind. Daher reicht die Bandbreite der im Folgenden beschriebenen Verfahren von leicht anwendbaren bis zu komplexen wissenschaftlichen Methoden. Als Literaturhinweis seien der interessierten LeserIn der Sammelband „Evaluation psychologischer Interventionsmaßnahmen" von Hager, Patry und Brezing (2000) nahe gelegt, da hier evaluationsrelevante Fragen erörtert werden, die nicht nur ForscherInnen, sondern vor allem auch PädagogInnen, ErziehungsberaterInnen und SchulpsychologInnen ansprechen sollen. Wer sich eher einen theoretischen Überblick verschaffen möchte, kann hierzu das „Lehrbuch der Evaluation" von Wottawa und Thierau (1998) zur Hand nehmen. Vor allem mit der Problematik der Datenauswertung beschäftigen sich die Bücher „SPSS Version 10" von Bühl und Zöfel (2000) und „Statistik am PC" von Monka und Voss (1999). SPSS ist ein an den Universitäten weit verbreitetes Programm zur Dateneingabe und Auswertung mit sehr vielen Anwendungsmöglichkeiten. Das zweite Buch bringt Hilfen für die Dateneingabe und Auswertung speziell mit dem Programm „Excel" von Microsoft Office. Für den Anwendungsbereich statistischer Datenauswertung liegen die Möglichkeiten mit Excel weit hinter denen, die SPSS bietet. Allerdings reichen sie für einfache Auswertungen aus, zudem sind viele PCs bereits mit der Excel-Software versehen und viele AnwenderInnen mit diesem Programm, durch die Arbeit mit Word, vertraut. Mehr für den studentischen Gebrauch ausgerichtet ist das Buch von Bortz und Döring (1995). Es ist gut verständlich geschrieben. Ansonsten steht den Interessierten jederzeit noch die weitere Recherche mit den Stichworten „Evaluation" und „Veränderungsmessung" offen.

Allgemeines Ziel der Trainings sozialer Kompetenz (s. a. Kapitel 2.3) ist es, dass sozial erwünschte Verhaltensweisen (wie z.b. zuhören, Wünsche äußern, etwas mit anderen gemeinsam unternehmen) auf Dauer und in allen sozialen Bereichen öfter gezeigt werden und sozial unerwünschte Verhaltensweisen (wie z.b. schlagen, beschimpfen, sich zurückziehen) entsprechend seltener. Mit der Evaluation wird nun versucht, auf möglichst objektivem Weg diese Zielerreichung zu kontrollieren.

Was muss vor der Evaluation geklärt werden?
- Welches Ziel, welcher Effekt des Trainings soll geprüft werden?
  o Beobachtbares Verhalten
  o Veränderung in den Einstellungen des Jugendlichen
  o Erfolge bei Aufgaben, die in der Zukunft liegen

- In welchem Rahmen soll die Beobachtung durchgeführt werden?
  o Während einer simulierten Rollenspielsituation
  o Verhalten während der Trainingssitzungen
  o Verhalten außerhalb der Trainingssitzungen
  o Verhalten außerhalb der Trainingssitzungen in Situationen, die zuvor nicht direkt geübt wurden (Transfer)

- Welche Evaluationsinstrumente werden verwendet?
  o Interview
  o Fragebögen

- Welcher Personenkreis wird befragt?
  o Jugendliche
  o TrainerIn
  o Co-TrainerIn
  o KollegIn, Eltern und andere Bezugspersonen

- Zu welchem Zeitpunkt der Trainingsphase wird befragt?
  o Nachher
  o Vorher und Nachher
  o Zusätzlich noch zu einem weiteren Termin einige Monate nach dem Ende des Trainings
  o Permanent (bzw. öfter) während der Trainingsphase (Prozessbeobachtung)

- Welches Evaluationsdesign soll gewählt werden?

o Kontrollgruppe

o Vergleichsgruppe

o Wartegruppe

Die hier aufgestellten Fragen werden im Folgenden diskutiert.

Welches Ziel, welcher Effekt des Trainings soll geprüft werden?
Hier geht es um die Auseinandersetzung mit dem Gegenstand der Evaluation. Welche Veränderungen im Vergleich zu den nicht-trainierten Jugendlichen sollen den Erfolg deutlich machen. Eine Orientierung kann man sich durch die definierten Ziele (siehe Kapitel 2.3) verschaffen.

Durch *Beobachtung des Verhaltens* des Jugendlichen kann zum Beispiel überprüft werden, ob das aggressive Verhalten der Jugendlichen reduziert wurde. Hier kann ein *Rollenspiel inszeniert* und das Verhalten des Jugendlichen auf Video festgehalten und ausgewertet werden (siehe z.B. Fydrich & Bürgener, 1999). Damit kann ein gewisser Grad an Objektivität erreicht werden, denn die Jugendlichen können alle in derselben inszenierten sozialen Situation beobachtet werden. Die Beobachtung kann von neutralen BeobachterInnen durchgeführt werden. In der Praxis wird dies nicht immer zu realisieren sein, da der Einsatz einer neutralen BeobachterIn einen zusätzlichen Personal- und Zeitbedarf bedeutet. Die Beobachtung kann aber auch durch eine Co-TrainerIn oder die TrainerIn selbst durchgeführt werden. Hier kann eine gewisse Objektivierung erfolgen, indem die Beobachtung durch Ort und Zeit festgehalten wird. Die Häufigkeit des Auftretens des klar beschriebenen Verhaltens kann zum Beispiel mit Strichlisten dokumentiert werden. Der Zeitaufwand, aber auch der Grad der Objektivität verringern sich, wenn stattdessen ein mit der Beobachtung entstandener subjektiver Eindruck zum Jugendlichen festgehalten wird. Es wird dann zum Beispiel nicht mehr die Häufigkeit der Beobachtung von verbal aggressivem Verhalten festgehalten, sondern die subjektive Einschätzung der verbalen Aggressivität. Dies ist auch der Weg, den wir aus pragmatischen Gesichtspunkten, die Ökonomie der Datenerhebung betreffend, weiterempfehlen.

Ein anderer Zugang stellt die Suche nach einer *Veränderung in den Einstellungen* des Jugendlichen dar. Zu Bedenken ist hierbei, dass grundlegende Einstellungsänderungen langsamer erfolgen werden und auch die Erfassung schwieriger ist. Aus den aufgestellten Trainingszielen und den zugrunde liegenden Theorien (vgl. Kapitel 2) leiten wir ab, dass langfristig eine grundlegende Einstellungsänderung bei den Jugendlichen stattfinden wird. So ist es ein wesentliches Ziel des Trainings, eine Erhöhung im Erleben von Selbstwirksamkeit und eine Verbesserung des Selbstkonzeptes zu erreichen. Im Rahmen unseres Projektes wurde versucht, dies über Selbsteinschätzungen zu erfassen. Dazu wurde auf erprobte und bewährte Verfahren von Harter (1988) zurückgegriffen. Die dort berichteten Gütekriterien der Daten konnten bei weitem nicht erreicht werden. Allerdings wurde der Fragebogen auch nicht identisch übernommen, da lediglich eine Auswahl von Items aus einigen der Subskalen verwendet wurde. Insofern kann dies nicht als ein Versagen der Skalen von Harter betrachtet werden. Als Konsequenz haben wir gänzlich auf die Selbstbeschreibung der Jugendlichen verzichtet.

Ein eher in der Zukunft liegender Aspekt der Beobachtung könnte das *Erreichen bestimmter Ziele auf dem weiteren Lebensweg* der Jugendlichen sein. Hier könnte versucht werden, weiteren Kontakt mit den Jugendlichen aufrecht zu erhalten, um zu erfahren, ob sie einen Ausbildungsplatz erhalten, ob sie die Ausbildung zum Abschluss bringen, ob sie eine Arbeit bekommen, wie lange sie auf der Arbeitsstelle bleiben und wie gut sie dort mit den KollegInnen klar kommen. Wie entwickelt sich ihre Zukunft im Hinblick auf Zufriedenheit, Wohlbefinden, Aufbau eines sozialen Umfeldes? So wünschenswert die Beobachtung dieser Aspekte ist, so bleibt doch das Problem der schwierigen und aufwendigen Umsetzung.

In welchem Rahmen soll die Beobachtung durchgeführt werden?
Im vorigen Textabschnitt wurde bereits ausführlich auf das *inszenierte Rollenspiel* eingegangen, um Beobachtungen auf der Basis einer Videoaufzeichnung durchzuführen. Die Jugendlichen können aber auch von der TrainerIn aufgrund der Beobachtungen *in den Trainingssitzungen* eingeschätzt werden. Da die TrainerIn die Jugendlichen in ihrer Trainingsgruppe über einen längeren Zeitraum hinweg beobachtet, kann sie sich ein umfassendes Bild der Jugendlichen machen. Allerdings befinden sich die Jugendlichen während der Trainingssitzungen in einer künstlichen (geschützten) Welt, wo sie eher bereit sind, neue Verhaltensweisen auszuprobieren. Dies bringt aber noch nicht die Sicherheit, dass dieses Verhalten auch außerhalb der Trainingsstunden gezeigt wird. Hierzu bietet sich die Beobachtung des Verhaltens der Jugendlichen *außerhalb der Trainingssitzungen* an. Dazu müssen dann wieder geeignete BeobachterInnen gefunden werden. In unseren Studien stellten wir fest, dass die Einschätzung anderer Lehrpersonen sich von denen der TrainerInnen unterscheiden. Der in unserer Untersuchung gefundene Zusammenhang verschiedener Einschätzungen (z.B. des gezeigten aggressiven Verhaltens) der LehrerInnen und TrainerInnen lag bei Null (gemessen über eine Interraterkorrelation). Dies ist teilweise durch den unterschiedlichen Beobachtungskontext mit bedingt (vgl. Döpfner, Lehmkuhl, Petermann & Scheithauer, 2000). Langfristig sollten sich aber auch in Situationen außerhalb der Trainingssitzung Änderungen zeigen, auch wenn diese zunächst weniger ersichtlich sind. Aus diesem Grund sind *Beobachtungen in Realsituationen* wesentlich für die Kontrolle des langfristigen Erfolges und des Transfers. Diese Beobachtungen sind weitaus schwieriger durchzuführen und im Ausmaß sicher geringer als in den zuvor beschriebenen Situationen.

Welche Evaluationsinstrumente werden verwendet?
Eine direkte Möglichkeit der Kontrolle des Trainingserfolges ergibt sich im *Interview* mit den trainierten Jugendlichen und anderen daran beteiligten Personen (Co-TrainerIn, KollegInnen). Hierzu bietet es sich an, eine Liste von rele-

vanten Fragen zu erstellen, die während der Gespräche beantwortet werden sollen. Eine grobe Orientierung kann die TrainerIn an dem von uns aufgestellten Fragebogen zu den Rückmeldungen der Jugendlichen nehmen. Interessant sind aber immer auch die Antworten zu offenen Fragen. Um eine systematische Sammlung dieser Gesprächsnotizen zu unterstützen, haben wir im Trainingsteil von Jugert et al. (2001) eine entsprechende Vorlage entwickelt. Hierzu ist keine weitere quantitative Auswertung der Ergebnisse vorgesehen.

Eine objektive Möglichkeit der Evaluation des Trainings bieten *Fragebögen*, in denen Fragen vorformuliert sind. Hier kann eine einfache Auswertung erfolgen, nachdem die Antworten in numerische Werte transformiert wurden.

Welcher Personenkreis soll befragt werden?

Grundsätzlich ist es besser, wenn von möglichst vielen Seiten Informationen zur Evaluation eingeholt werden. Hier bieten sich die *Jugendlichen* an, die selbst am Training teilnehmen konnten. Diese können Fragen zu eigenen Veränderungen, vor allem in den trainierten Verhaltensbereichen beantworten. Einschränkend sei hier auf die Ergebnisse in Kapitel 2.8 verwiesen. Hier berichten wir von eigenen Studien, in denen wir feststellen mussten, dass die von uns erhobenen Daten, mit den von uns aufgestellten Fragebögen Zweifel an der Qualität der Daten aufwerfen und wir zumindest diese Fragebögen zu den Selbstaussagen der Jugendlichen nicht grundsätzlich weiterempfehlen. Trotzdem können von den Jugendlichen Fragen, wie sie das Training und die TrainerIn erlebt haben, beantwortet werden. Hierzu haben wir keine Bedenken bezüglich der Antwortqualitäten.

Besonders interessant sind sicher die Angaben der *TrainerIn* zu den Jugendlichen, die an ihrem Training teilgenommen haben. Trotz der Einschränkungen durch Fehleinschätzungen aus dem Wunsch der TrainerIn heraus, Erfolg im Training gehabt zu haben und eventuell dem Wunsch, vor den KollegInnen mit guten Ergebnissen dazustehen, erwarten wir mit diesen Daten die korrektesten Ergebnisse zur Evaluation. Auch wir haben uns im Rahmen unseres Projektes auf die Einschätzung der TrainerIn verlassen. Wir nehmen an, dass die fehlende Neutralität nicht zu sehr verfälschend wirkt, zusammen mit dem Vorteil, dass keine weiteren Personen miteinbezogen werden müssen. Diesen pragmatischen Weg, trotz aller Gefahren der Verzerrung der Daten, empfehlen wir auch allen TrainerInnen, die nicht auf weitere Unterstützung zurückgreifen können. Auch wird die TrainerIn am ehesten dazu bereit sein, sich die Mühe der Datenerhebung zu machen. Weniger Bedenken bezüglich der Verfälschung der Ergebnisse treten im Zusammenhang mit einer eventuell vorhandenen *Co-TrainerIn* oder BeobachterIn auf, die entweder des Öfteren an den Trainings beteiligt war oder Videobänder auswerten kann. Hier können Daten zu den Jugendlichen, zur TrainerIn und zum Training gewonnen werden.

Weitere Daten können durch andere *KollegInnen* erhoben werden, die auch mit den fraglichen Jugendlichen zu tun haben. Einschränkend sei auch hier auf Kapitel 2.8 verwiesen. Hier berichten wir Ergebnisse unserer Studie, in denen wir feststellten, dass sich die Angaben der LehrerInnen teilweise sehr von denen der TrainerInnen unterschieden. Die LehrerInnen machten ihre Erfahrungen und Beobachtungen mit den Jugendlichen im Klassenraum, die TrainerInnen hauptsächlich während der Trainings. Hier würde es sich wieder anbieten, dass unterschiedliche Personen die Jugendlichen aufgrund einer Videoaufnahme von zum Beispiel eines vorstrukturierten Rollenspieles einschätzen und dass alle Jugendlichen in diesen Rollenspielen vergleichbare Aufgaben lösen.

Zu welchem Zeitpunkt der Trainingsphase wird befragt?
Der Informationsgewinn ist größer, wenn Einschätzungen mehrmals abgegeben werden. Dies kann so weit gehen, dass nach jeder Trainingssitzung Daten erhoben werden. Damit kann der *Trainingsprozess* abgebildet werden. Im Gegensatz dazu kann mit geringstem Aufwand eine einmalige Datenerhebung *nach dem Ende der Trainingsphase* erfolgen. Hier kann die Frage nach der Veränderung während der letzten Monate erfasst werden. Die Antworten hierzu könnten stark durch den Wunsch nach Veränderung beeinflusst sein.

Wird der momentane Zustand der Jugendlichen erfasst, so kann dieser Zustand mit Normwerten oder persönlichen Erfahrungswerten mit anderen Gruppen oder einer Kontrollgruppe verglichen werden. Da der individuelle Effekt auch stark von den Ausgangswerten, dem Zustand der Jugendlichen vor dem Training, abhängt, bietet sich eine Datenerhebung *vor und nach dem Training* an. Damit kann aufgrund der individuellen Differenz der Werte von Vorher und Nachher die Veränderung geschätzt werden. Dies ist ein gängiges Verfahren, das wir auch empfehlen. Eine Diskussion über mögliche Fehler beim Vergleich von Vor- und Nachtestwerten und entsprechende Hinweise zum Umgehen mit damit auftretenden Problemen kann zum Beispiel Steyer, Hannöver, Telser und Kriebel (1997) entnommen werden.

Zusätzlich können noch zu einem weiteren Termin, *einige Monate nach dem Ende des Trainings*, Daten zu den Jugendlichen erfasst werden. Hiermit kann die Stabilität der Veränderung nach dem Ende des Trainings bewertet werden. Dies ergibt sich direkt aus dem Wunsch nach einer dauerhaften Veränderung. Hier folgen wiederum gewisse Einschränkungen, da nicht immer der langfristige Kontakt mit den Jugendlichen aufrecht erhalten werden kann. Zu erwarten ist ein gewisser Rückgang im Ausmaß des Trainingseffektes. Langfristig war das Training nur wirksam, wenn dieser Effekt nicht so weit verloren geht, dass kein Unterschied mehr zu Vergleichsgruppen festzustellen ist.

Welches Design soll gewählt werden?
Um die Qualität des Trainingserfolges einschätzen zu können, ist ein *Vergleich mit anderen Gruppen* notwendig. Um zu sehen, ob nicht irgendwelche Ursachen, die man nicht kennt, wie zum Beispiel die Zeiteffekte, oder die Reifung des Jugendlichen, diesen Effekt bewirkt haben, werden die Werte der trainierten Gruppe, mit den Werten einer *untrainierten Gruppe* verglichen. Hierbei ist

zu beachten, dass die beiden Gruppen möglichst identische Voraussetzungen bieten. Da nicht immer klar ist, welche Voraussetzungen relevant sein können, werden die Jugendlichen idealerweise per Zufall entweder der Trainings- oder der Kontrollgruppe zugewiesen, man spricht dann von einem Kontrollgruppendesign. Sollen alle zur Verfügung stehenden Gruppen trainiert werden, so kann man ein *Wartegruppendesign* verwenden. Hierbei werden wieder die Jugendlichen per Zufall zwei Gruppen zugewiesen. Die eine Gruppe beginnt direkt mit dem Training, die andere wird in dieser Zeit zur Kontrollgruppe. Erst nachdem die erste Gruppe das Training beendet hat, werden für beide Gruppen die Daten erhoben und danach die zweite Gruppe trainiert.

In der pharmakologischen Forschung kennt man den Placeboeffekt. Hier hat es sich gezeigt, dass die Vergabe einer Tablette ohne Wirkstoffe auch einen Effekt hat. Ein Medikament muss also besser sein als das Placebo. Im Trainingsbereich bedeutet dies, dass eine Gruppe, die etwas Besonderes macht, bereits positive Effekte zumindest kurzfristig erzielen wird. Daraus ergibt sich die Forderung, dass die Kontrollgruppe auch etwas Besonderes machen sollte, das dem Trainingsprogramm möglichst ähnlich ist, aber nicht auf die speziellen Trainingseffekte abzielt. Das könnten Diskussionsgruppen, Theatergruppen oder andere Projektgruppen sein. Eine harte Prüfung für das zu evaluierende Trainingsprogramm ist dann gegeben, wenn die Kontrollgruppe ein Konkurrenztraining durchführt und dieses Konkurrenztraining ähnliche Ziele anstrebt.

Vorstellung der Fragebögen zur Evaluation des Trainings

In Jugert et al. (2001) ist ein Arbeitsbogen abgedruckt, mit dem Gedanken und Gespräche aufgezeichnet werden können, und wir bieten drei Fragebögen zur quantitativen Evaluation an. Ein Fragebogen soll vom Jugendlichen selbst ausgefüllt werden und betrifft die Rückmeldung zum Training FIT FOR LIFE, zur TrainerIn und zu einigen ausgewählten Inhalten des Trainings. Die beiden anderen werden von FremdbeobachterInnen ausgefüllt. Das können die TrainerIn, Co-TrainerIn oder KollegIn sein, das kann auch eine externe neutrale BeobachterIn sein. Wir empfehlen, einen Vor- und einen Nachtest und wenn irgend möglich einen zusätzlichen Nachtest (Follow-Up), einige Monate nach dem Ende des Trainings, durchzuführen. Zusätzlich sollte eine Vergleichs- oder Kontrollgruppe mit berücksichtigt werden (vgl. Kasten 27).

Die in Jugert et al. (2001) empfohlenen und als Kopiervorlagen bereits vorbereiteten Fragebögen werden im Folgenden kurz beschrieben.

Die TrainerIn füllt für die Jugendlichen aus ihrer Gruppe den *Fragebogen zur Erfassung des Sozialverhaltens der Jugendlichen* aus, der folgende Items präsentiert:

- Ehrlichkeit
- Freundlichkeit
- Gute Laune
- Höflichkeit

- Mitgefühl
- Soziale Kompetenz
- Kompetenz für das Berufsleben
- Hilflosigkeit
- Initiativlosigkeit
- Körperliche Aggressivität
- Pessimismus
- Schüchternheit
- Verbale Aggressivität
- Zurückgezogenheit

Kasten 27:	Einsatz der Fragebögen mit dem von uns empfohlenen Untersuchungsdesign	
Zeitpunkt	**Experimentalgruppe**	**Kontrollgruppe**
Vor dem Training (Prätest)	Fragebogen zur Erfassung des Sozialverhaltens der Jugendlichen	Fragebogen zur Erfassung des Sozialverhaltens der Jugendlichen
Trainingszeit	Durchführung des Trainings FIT FOR LIFE	Kein oder ein Konkurrenztraining wird durchgeführt
Nach dem Training (Posttest)	Fragebogen zur Erfassung des Sozialverhaltens der Jugendlichen Fragebogen zur Mitarbeit der Jugendlichen im Training FIT FOR LIFE Rückmeldebogen zu den FIT FOR LIFE-Sitzungen	Fragebogen zur Erfassung des Sozialverhaltens der Jugendlichen
Einige Monate nach dem Training (Follow-Up)	Fragebogen zur Erfassung des Sozialverhaltens der Jugendlichen	Fragebogen zur Erfassung des Sozialverhaltens der Jugendlichen

Die TrainerIn (BeobachterIn) wird gebeten, anzugeben, wie sie zum Zeitpunkt der Datenerhebung die Jugendliche bezüglich der aufgelisteten Eigenheiten einschätzt. Hierbei wird die Antwort wiederum durch Ankreuzen auf einer siebenstufigen Ratingskala festgehalten. Die Kästchen für die Antworten sind mit den Ziffern Null bis Sechs bezeichnet. Dem ersten Kästchen mit der Ziffer „0" ist der Text „Null" zugeordnet, dem letzten Kästchen mit der Ziffer „6" der Text „Total", die Kästchen dazwischen bekommen neben der Ziffer keine weitere Zuordnung.

Zusätzlich wird möglichst mindestens eine weitere BeobachterIn hinzugenommen, die dann zu allen Jugendlichen der Experimental- und der Kontrollgruppe diesen Fragebogen ausfüllt.

Die TrainerIn füllt zusätzlich zu allen Jugendlichen ihrer Trainingsgruppe den *Fragebogen zur Mitarbeit der Jugendlichen im Training FIT FOR LIFE* aus. Dieser enthält folgende Items:

- Physische Anwesenheit
- Psychische Anwesenheit
- Aktive Beteiligung an den Spielen/Übungen
- Aktive Beteiligung an den Diskussionen
- Aufmerksamkeit in der Trainingsstunde
- Kooperation mit den anderen Jugendlichen
- Kooperation mit der TrainerIn
- Einbringen eigener Ideen
- Stören des Trainings

Die angesprochene Verhaltensweise soll mit dem Ausmaß ihrer Häufigkeit für alle Jugendlichen auf einer siebenstufigen Ratingskala eingeschätzt werden.

Im *Rückmeldebogen zu den FIT FOR LIFE-Sitzungen* werden dem Jugendlichen folgende Fragen präsentiert:

- Mir hat FIT FOR LIFE ganz gut gefallen.
- Mit unserem Trainer war ich sehr zufrieden.
- Mir war klar, was ich mit den Spielen bei FIT FOR LIFE lernen sollte.
- Ich nehme meine eigenen Gefühle nun besser wahr.
- Ich achte nun auch besser auf die Gefühle der anderen.
- Ich habe gelernt, mit anderen Menschen besser zu reden.
- FIT FOR LIFE war mir eine echte Hilfe, mich auf das Berufsleben vorzubereiten.

Die Jugendlichen werden aufgefordert, zu jedem Satz mit einem Kreuzchen anzugeben, inwieweit sie diesem zustimmen. Für die Angabe der Höhe der Zustimmung wählten wir eine siebenstufige Ratingskala.

Für jeden Fragebogen enthält das Manual von Jugert et al. (2001) einen Auswertungsbogen, in den die Antworten der Fragebögen (d.h. die Ziffern von Null bis Sechs) zu allen Jugendlichen übertragen werden. Falls eine entsprechende Software zur Datenanalyse (z.B. SPSS, EXCEL) vorhanden ist, werden die Daten direkt dort eingegeben. Für die Auswertung der Daten kann sich die EvaluatorIn an der Aufstellung in Kasten 28 orientieren. Steht Statistiksoftware zur Verfügung, so können die Skalenwerte (Summe über die Werte zu den einzelnen Fragen einer Skala) von diesem Programm berechnet und mit den Prozeduren zur Erstellung von Häufigkeitstabellen, Mittelwertvergleichen und Korrelationsberechnungen entsprechende Ergebnistabellen erstellt werden.

Kasten 28: Auswertungsmöglichkeiten zur Evaluation

Fragebogen	Auswertungsmöglichkeiten
Rückmeldebogen zu den FIT FOR LIFE-Sitzungen	• Zu jeder Frage auszählen, wie oft die Kategorie verwendet wurde. • Summe über alle Einzelwerte bilden und zwischen den Jugendlichen vergleichen. • Verteilung (Mittelwert, Standardabweichung) der Summenwerte zwischen Trainingsgruppen vergleichen.
Sozialverhalten der Jugendlichen	• Zu jeder Frage auszählen, wie oft die Kategorie verwendet wurde. • Summe über die Werte der positiven Eigenschaften (1-7) und Summe über die Werte der negativen Eigenschaften (8-14) bilden und zwischen den Jugendlichen vergleichen. • Verteilung (Mittelwert, Standardabweichung) der Summenwerte zwischen Trainingsgruppen vergleichen. • Vergleich der Summenwerte vom Vortest zum Nachtest. Auszählen, bei wie vielen Jugendlichen eine Verbesserung, kein Unterschied und eine Verschlechterung festzustellen ist. Mittelwertsvergleiche mit Signifikanzberechnungen. • Vergleich der Ergebnisse zur Kontrollgruppe. Wie viele Verbesserungen, Verschlechterungen gibt es im Vergleich zur Experimentalgruppe (trainierte Jugendliche). Mittelwertsvergleiche, Varianzanalyse mit Messwiederholung.
Mitarbeit der Jugendlichen	• Zu jeder Frage auszählen, wie oft die Kategorie verwendet wurde. • Summe über alle Einzelwerte bilden und zwischen den Jugendlichen vergleichen. • Verteilung (Mittelwert, Standardabweichung) der Summenwerte zwischen Trainingsgruppen vergleichen. • Für jeden Jugendlichen den Zusammenhang zwischen der Mitarbeit und dem Sozialverhalten betrachten. • Korrelation der Mitarbeit (Summe der Einzelwerte) mit der Änderung im Sozialverhalten (Differenz der Werte von Prä- und Posttest) berechnen.

Wer sich mit den in Kasten 28 angesprochenen einfachen Verfahren der Evaluation noch nicht zufrieden geben möchte, dem sei die gründliche Lektüre der oben angesprochenen Bücher für weitere Anregungen empfohlen. Ein *feineres* Verfahren zur Messung einer intraindividuellen Veränderung mit Hilfe von

Strukturgleichungsmodellen kann Steyer, Eid und Schwenkmezger (1997) entnommen werden.

3.3 Fortbildung als Selbsttraining

Wenn man das Training durchführen möchte, jedoch keine Möglichkeit zum Besuch einer Fortbildung besteht, kann auf der Grundlage des vorliegenden Buches und des Trainingsmanuals von Jugert et al. (2001) das im Folgenden beschriebene Selbsttrainingsprogramm bearbeitet werden. Mit dem Selbsttrainingsprogramm werden dieselben Ziele angestrebt wie mit einer Fortbildung.

Zum Rahmen des Programms
Die Gruppengröße von Selbsttrainingsgruppen sollte bei sechs bis acht TrainerInnen liegen. Bei dieser Gruppengröße fühlen sich alle für das Gelingen der Zusammenarbeit verantwortlich. Für eine effektive Arbeit ist es wichtig, dass sich die Gruppe regelmäßig, zum Beispiel vierzehntägig, in einem geeigneten Raum trifft, in dem die üblichen Medien für Jugendbildungsarbeit zur Verfügung stehen. Dies schließt eine Videoanlage für Aufzeichnung und Wiedergabe ein. Die Anleitung der Gruppe ist durch die Übungsvorschläge der Fortbildungsmodule in Jugert et al. (2001) sowie durch das im Folgenden beschriebene Programm gegeben. Programmänderungen sind selbstverständlich möglich und notwendig. Das Programm stellt lediglich eine Strukturierungshilfe dar, die den Einstieg in das Selbsttraining erleichtert und den roten Faden für die weitere Erarbeitung bereitstellt. Für die flexible Ausgestaltung der einzelnen Selbsttrainingssitzungen ist die Rolle einer ModeratorIn wichtig, die auf Einhaltung der Rahmenbedingungen, der Feedbackregeln und Ähnliches zu achten hat. Da die ModeratorIn unter anderem auch für die Umsetzung der Übungsvorschläge des Fortbildungsprogramms zu sorgen hat, ist es günstig, die Rolle jeweils im Voraus für die künftige Sitzung zu besetzen. So kann sich die ModeratorIn anhand des Manuals rechtzeitig sachkundig machen. Grundsätzlich ist der Zugang zu dem Trainings- und Fortbildungsmanual sowie die Lektüre der Manuale vor Beginn der Fortbildung oder wenigstens zu Beginn zu empfehlen. Ab der dritten Sitzung setzen die gestellten Aufgaben die Kenntnis des Trainingsmanuals voraus. Für das Selbsttraining wird eine Sitzungsdauer von vier Fortbildungsstunden, das heißt von drei Zeitstunden zuzüglich einer Pause empfohlen.

Der zeitliche Umfang des Selbsttrainingsprogramms entspricht dem von uns empfohlenen Umfang von Fortbildungen in dem Kompetenztraining. Eine Gruppe kann die Sitzungen zur Erarbeitung des Trainings natürlich fortsetzen, bis alle den Eindruck haben, ausreichend Gelegenheit gehabt zu haben, die Module des Trainings selbständig durchzuführen und Feedback zu erhalten.

Überblick über das Selbsttrainingsprogramm FIT FOR LIFE
1. Sitzung: Soziale Kompetenz, Trainingsziele und Feedback I
2. Sitzung: Sozial-kognitive Lerntheorie und Feedback II

3. Sitzung: Selbstwirksamkeit und das strukturierte Rollenspiel I
4. Sitzung: Entwicklungsaufgaben und das Rollenspiel im Kompetenztraining II
5. Sitzung: Entwicklungs- und Verhaltensstörungen und die Arbeit mit Regeln
6. Sitzung: Sozial-kognitive Informationsverarbeitung und Entspannung
7. Sitzung: TrainerInnenverhalten: Vertrauensaufbau und Motivieren; Feedback III
8. Sitzung: Fortsetzung der Übungen; Anpassung an den Kontext der Institution; Evaluation

Im Folgenden werden die acht Sitzungen des Selbsttrainingsprogramms so beschrieben, dass eine Selbsttrainingsgruppe es unter Benutzung des Fortbildungsmanuals in Jugert et al. (2001) selbständig durchführen kann.

1. Sitzung: Soziale Kompetenz, Trainingsziele und Feedback I

Es ist günstig, bei jeder Sitzung eine *Anwärmphase* von zehn Minuten einzuplanen, in der alles Mögliche ausgetauscht wird, bis alle Gruppenmitglieder eingetroffen sind.

Ebenfalls günstig ist ein kurzes *Eröffnungsritual*, um den Beginn der Sitzung zu markieren und gleichzeitig das Gruppenklima zu mehr Offenheit hin zu beeinflussen. So bietet sich das Trainingsritual *Stimmungslage* an, bei dem jede TrainerIn in knappen Worten beschreibt, was sie im Moment denkt, fühlt und erwartet.

Als erste Handlung der Sitzung sollte die Gruppe spontan eine *ModeratorIn* für die Sitzung wählen, die auf folgende Dinge achtet:

- Die Umsetzung des Selbsttrainingsvorschlages,
- die Umsetzung der Übungsvorschläge aus dem Fortbildungsmanual,
- die Einhaltung der Zeiten bei Theorie, Übungen und Pausen,
- die Einhaltung von Vereinbarungen und Regeln,
- die Zusammenfassung von Gesprächsphasen und
- die Durchführung einer Abschlussrunde mit Feedback.

Die Rolle der ModeratorIn sollte von Sitzung zu Sitzung wechseln, so dass jede TrainerIn einmal eine Selbsttrainingssitzung leitet. Der Wechsel in der besonderen Verantwortung der ModeratorIn hält insgesamt das Gefühl der Verantwortung für den Prozess und die Ergebnisse der Gruppe auf einem hohen Niveau.

Die erste Handlung der ModeratorIn ist die Einführung von Arbeitsvereinbarungen oder Arbeitsregeln in der Selbsttrainingsgruppe. Es hat sich gezeigt, dass die Beachtung gewisser Regeln die Arbeitsfähigkeit einer Gruppe nicht nur herstellt sondern auch aufrecht erhält. Unser Vorschlag für die Selbsttrainingsgruppe besteht in folgenden drei *Arbeitsvereinbarungen*:

- Pünktliches Erscheinen zu den Selbsttrainingssitzungen,
- Vertraulichkeit über persönliche Informationen,

- Freiwilligkeit bei Rollenspielen und Übungen.

1. Arbeitsphase: *Soziale Kompetenz und die Ziele des Trainings* (Dauer: 30 Minuten)	Grundlage des Vorschlages ist die Übung 2 des Fortbildungsmoduls „Soziale Kompetenz und Ziele des Trainings" in Jugert et al. (2001).
2. Arbeitsphase: *Erwartungen der TrainerInnen* (Dauer: 30 Minuten)	Erwartungen der TrainerInnen an das Kompetenztraining und das Selbsttrainingsprogramm.

Nach kurzer Klärung der Aufgabe schreibt jede TrainerIn ihre Erwartungen auf Karteikarten, und zwar je eine Erwartung auf eine Karteikarte mit dickem Filzstift oder Edding. Wenn alle ihre Erwartungen aufgeschrieben haben, heftet jede TrainerIn ihre Karten an eine Wandzeitung, Tafel oder an ein Pinbord. Dabei kann umgruppiert und neugruppiert werden, so dass verschiedene Ebenen oder Bereiche deutlich werden. Die Karten bzw. Begriffe werden individuell erklärt und erläutert, und es wird zum Abschluss über die Erwartungen diskutiert. Hierbei ist ein Vergleich mit den Komponenten des Trainings sowie den Themen der Fortbildung hilfreich.

3. Arbeitsphase: *Feedbackübung I* (Dauer: 100 Minuten)	Hier wird die Übung 2 des Fortbildungsmoduls „Feedback" aus Jugert et al. (2001) empfohlen, die von der ModeratorIn nach kurzer Einarbeitung durchgeführt werden kann.

Der letzte inhaltliche Punkt ist die Benennung einer ModeratorIn für die folgende Selbsttrainingssitzung.

Rückmeldephase
Die Selbsttrainingssitzung sollte mit einer Abschluss- oder Rückmeldephase beendet werden, in der jedes Gruppenmitglied eine Stellungnahme zu der Sitzung abgibt, sie bewertet und eventuelle Änderungswünsche für die folgende Sitzung äußert. Bestandteil der Rückmeldephase sind ebenfalls Rückmeldungen an die ModeratorIn über ihre Leitung der Sitzung.

2. Sitzung: Sozial-kognitive Lerntheorie und Feedback II
Die Aufgaben der ModeratorIn sollten noch einmal in Erinnerung gerufen werden.

1. Arbeitsphase:	Hier wird der Selbsttrainingsgruppe die Übung
Sozial-kognitive	2 des Fortbildungsmoduls „Sozial-kognitive
Lerntheorie und das	Lerntheorie" zur Durchführung empfohlen (Ju-
FIT FOR LIFE-Training	gert et al., 2001).
(Dauer: 45 Minuten)	

In der Übung wird die Lerntheorie in ihren grundlegenden Prozessen zur Kenntnis gegeben, und es wird dazu aufgefordert, diese Prozesse in alltäglichen Lehr- und Lernsituationen in Schule, Lehrgang, Seminar und Projekt herauszufinden. Schließlich wird aufgezeigt, welche Methoden, Komponenten und Verhaltensweisen im Kompetenztraining auf der Grundlage der Lerntheorie beruhen.

2. Arbeitsphase:	Arbeitsbögen 3 bis 5 der Übung 3 des
Feedbackübung II	Fortbildungsmoduls „Feedback" von Jugert
(Dauer: 120 Minuten)	et al. (2001)

1. Schritt: Die Arbeitsbögen 3 bis 5 der Übung 3 des Fortbildungsmoduls Feedback werden an die TrainerInnen verteilt, gelesen und besprochen.

2. Schritt: Das Schreiben von Kurzgeschichten nach 15 willkürlich gesammelten Adjektiven und das Verlesen in der Gruppe.

3. Schritt: Das gegenseitige Geben und Entgegennehmen von Feedback zu dem Verhalten in der vorausgegangen Phase in PartnerInnenarbeit.

4. Schritt: Auswertung in der Gruppe.

3. Sitzung: Selbstwirksamkeit und das strukturierte Rollenspiel I

1. Arbeitsphase:	Es wird der Selbsttrainingsgruppe die Übung 3
Selbstwirksamkeit	des Fortbildungsmoduls
(Dauer: 45 Minuten)	„Sozial-kognitive Lerntheorie" aus Jugert et al.
	(2001) zur Bearbeitung empfohlen.

Das Selbstwirksamkeitskonzept ist Bestandteil der sozial-kognitiven Lerntheorie. Selbstwirksamkeit besteht aus zwei Komponenten: dem Gefühl und der Erwartung der Kompetenz einerseits und der Erwartung des Erfolges bei der Bearbeitung einer Aufgabe andererseits. Diese Erwartungen entscheiden mit darüber, ob eine Aufgabe überhaupt angegangen wird und wie energisch und ausdauernd sie bearbeitet wird.

2. Arbeitphase:

Strukturiertes Rollenspiel
(Dauer: 120 Minuten)

Wenn sich die TrainerInnen bereits ein Bild von dem Trainingsprogramm FIT FOR LIFE (Jugert et al., 2001) machen konnten, wird die Durchführung der Übung 2 des Fortbildungsmoduls „Strukturiertes Rollenspiel und Verhaltensübung", allerdings unter Weglassung der Verhaltensübung, empfohlen. Ist die oben aufgeführte Kenntnis (noch) nicht gegeben, ist die Übung 1 desselben Fortbildungsmoduls passender.

4. Sitzung: Entwicklungsaufgaben und das Rollenspiel im Kompetenztraining II

1. Arbeitphase:

Entwicklungsaufgaben
(Dauer: 30 Minuten)

Es wird empfohlen, die Übung 2 des Fortbildungsmoduls „Jugendpsychologie", gegebenenfalls kombiniert mit der Übung 1 desselben Moduls, durchzuführen.

Anhand des Begriffes Entwicklungsaufgaben kann klar werden, welche Kompetenzen Jugendliche erwerben müssen, um den Übergang in die Erwachsenengesellschaft und das Erwerbsleben zu schaffen. Er kann auch dazu dienen zu erkennen, wo bestimmte Jugendliche Schwierigkeiten haben und womit ihnen geholfen werden kann.

2. Arbeitphase:

Rollenspiel des Trainings FIT FOR LIFE
(Dauer: 135 Minuten)

Die Arbeitsbögen 2 und 3 des Fortbildungsmoduls „Strukturiertes Rollenspiel und Verhaltensübung" sollten in der Vorbereitungsphase gründlich in ihrer Funktion und praktischen Umsetzung besprochen werden.

Das Rollenspiel ist die zentrale Methode des Kompetenztrainings; daher soll dies mehrmals während des Selbsttrainings von jeder TrainerIn geübt werden. In dieser Sitzung kommt zu dem strukturierten Rollenspiel die Verhaltensübung in der Realsituation hinzu.

Die TrainerInnen sollten wiederum in PartnerInnenteams oder Kleingruppen ein Rollenspiel aus dem Trainingsmanual in einer Planungsphase von etwa 30 Minuten so vorbereiten, dass sie es anschließend in der Gruppe präsentieren können (vgl. Kapitel 3.1).

Wenn die Präsentation mit Hilfe von Zeitraffern in 20 Minuten stattfindet und für das Feedback ebenfalls 20 Minuten gegeben wird, können in der Sitzung zwei bis drei Präsentationen samt Feedback und Auswertung erfolgen.

5. Sitzung: Entwicklungs- und Verhaltensstörungen und die Arbeit mit Regeln

Die ModeratorIn kann zu Beginn der Selbsttrainingssitzung daran erinnern, dass auch unerledigte Aufgaben oder Tätigkeiten aus früheren Sitzungen aufgegriffen und abgeschlossen werden sollten.

1. Arbeitphase:

Entwicklungs- und Verhaltensstörungen
(Dauer: 30 Minuten)

Die Übung 3 des Fortbildungsmoduls „Jugendpsychologie" mit den Arbeitsbögen 2 und 3 wird zur Behandlung und Bearbeitung empfohlen (Jugert et al., 2001).

2. Arbeitphase:

Gruppenregeln und persönliche Regeln
(Dauer: 135 Minuten)

Die Arbeitsbögen 1 und 2 des Fortbildungsmoduls „Verhaltensregeln" werden erarbeitet und gemeinsam besprochen.

Die Mitglieder der Selbsttrainingsgruppe entscheiden sich, ob sie eine Gruppenregel vorgeben (Übung 1), eine Gruppenregel mit der Trainingsgruppe erarbeiten (Übung 2) oder persönliche Regeln mit den TrainerInnen entwickeln wollen (Übung 3). Die Regel kann eine TrainerIn allein oder im Team mit einer anderen planen und durchführen.

6. Sitzung: Sozial-kognitive Informationsverarbeitung und Entspannung

1. Arbeitphase:

Sozial-kognitive Informationsverarbeitung
(Dauer: 30 Minuten)

Für die Erarbeitung des Modells der sozial-kognitiven Informationsverarbeitung wird die Kenntnis der Arbeitsbögen 1 bis 3 sowie 5 des Fortbildungsmoduls „Sozial-kognitive Informationsverarbeitung" und die Bearbeitung der Übung 3 desselben Moduls empfohlen (Jugert et al., 2001).

2. Arbeitphase:

Entspannung
(Dauer: 135 Minuten)

Grundlage der Arbeitsphase ist der Arbeitsbogen 3 des Fortbildungsmoduls „Trainingsrituale, Warming up, Entspannung" (Jugert et al., 2001).

Zur Demonstration ist es günstig, wenn ein Mitglied der Selbsttrainingsgruppe, das die progressive Muskelentspannung von Jacobson kennt, die Entspannung mit der Selbsttrainingsgruppe durchführt. Die TrainerInnen machen sich anhand des Arbeitsbogens sowohl das Prinzip als auch die Methodik klar, indem die Techniken des Anspannens der Muskelgruppen demonstriert und nachgeahmt werden. Je nach Größe der Gruppe wird die Anwendung entweder in der Gesamtgruppe stattfinden, indem jede TrainerIn einmal die Entspannung anleitet und dazu Feedback bekommt; oder die Gruppe teilt sich in PartnerInnenteams oder Kleingruppen auf, in denen ebenfalls jedes Gruppenmitglied einmal die Entspannung durchführt und Feedback erhält.

7. Sitzung: **TrainerInnenverhalten: Vertrauensaufbau und Motivieren; Feedback III**

In dieser Sitzung wird das Feedback als wichtiger Bestandteil des TrainerInnenverhaltens, der allzu häufig im Alltag „abgeschliffen" wird, erneut aufgegriffen und geübt. Hinzu kommen Verhaltensweisen, durch die TrainerInnen zu den Jugendlichen Vertrauen aufbauen. Das entstehende Vertrauen führt sie zur Kooperation, die wiederum die Basis für die Motivation im Training darstellt. Es folgen weitere motivierende Verhaltensweisen und Interventionen der TrainerInnen.

1. Arbeitphase: *Vertrauensaufbau und Motivierung* (Dauer: 45 Minuten)	Grundlage der Arbeitsphase sind die Arbeitsbögen 1 und 2 des Fortbildungsmoduls „Motivierung und Vertrauensaufbau" aus Jugert et al. (2001).

Es sollte entsprechend der Übung 1 desselben Moduls verfahren werden.

2. Arbeitphase: *Feedbackübung III* (Dauer: 120 Minuten)	Die Arbeitsgrundlagen sind die gleichen wie in der Feedbackübung II.

Durch diese Arbeitsphase soll noch einmal gezielt das Geben von Rückmeldung in Form von Verstärkung, Lob, Ermutigung, Verhaltensvorschlag oder Verhaltenskorrektur innerhalb des Trainings geübt werden. Dazu suchen sich die TrainerInnen in Kleingruppen (möglichst nicht mehr als drei Gruppen) aus dem Trainingsmanual eine Übung, ein Rollenspiel oder die Einführung einer Gruppenregel heraus, planen sie in 20 Minuten und führen die jeweilige Sequenz in 20 Minuten unter der Maßgabe durch, den TrainerInnen, die die Trainingsgruppe darstellen, in jeder nur denkbaren Weise für ihr Verhalten Feedback zu geben. Das Feedback der übrigen TrainerInnen wird ebenfalls unter besonderer Berücksichtigung der Feedbackregeln in 20 Minuten erteilt.

8. Sitzung: Fortsetzung der Übungen; Anpassung an den Kontext der Institution; Evaluation

Die ModeratorIn stellt zu Beginn fest, ob die TrainerInnen den Wunsch haben, einzelne Module oder Methoden noch einmal zu üben.

1. Arbeitphase: Arbeitsgrundlage ist Jugert et al. (2001).

Fortsetzung der Übungen
(Dauer: 60 Minuten)

In dieser Arbeitsphase kann eine TrainerIn noch einmal die Entspannung in der Gruppe durchführen. Es kann jemand eine Gruppenregel mit der Gruppe oder eine persönliche Regel mit einer TrainerIn erarbeiten. Es ist auch denkbar und durchführbar, ein Rollenspiel oder eine Verhaltensübung in der Realsituation noch einmal zu üben. Allerdings sollte bei der Sammlung der Wünsche die Zeit beachtet werden.

2. Arbeitphase: Grundlage der 2. Arbeitsphase kann die Übung

Anpassung des Trainings   2 des Fortbildungsmoduls „Trainingsmodule
an den Kontext   erarbeiten und anpassen" sein (Jugert et al.,
der Institution   2001). Der Aspekt der Anpassung an die jewei-
(Dauer: 45 Minuten)   lige Trainingsgruppe kann erweitert werden.

3. Arbeitphase: Grundlage ist das Fortbildungsmodul „Evalua-

Evaluationsmethoden   tionsmethoden" aus Jugert et al. (2001).
(Dauer: 45 Minuten)

Es ist förderlich für die Behandlung des Themas „Evaluation", wenn ein Mitglied der Selbsttrainingsgruppe sich vor der 8. Sitzung mit dem Fortbildungsmodul „Evaluationsmethoden" einschließlich der Arbeitsbögen vertraut gemacht hat. Die Funktion der Fragebögen, ihre Anwendung und Auswertung wird dort verständlich beschrieben und kann leicht nachvollzogen werden.

3.4 Supervision/Fachberatung

Supervision dient einer methodischen Reflexion der professionellen Praxis. Sie dient

- der Professionalisierung der MitarbeiterInnen; sie soll im Einzelnen
- die fachliche Reflexion anleiten, die sich auf
- das berufliche Handeln im engeren Sinne und auf
- die Kommunikation und Kooperation in der Institution bezieht. Sie soll im Ganzen

- die persönlichen Ressourcen stärken und
- die Arbeitsvorgänge auf der institutionellen Ebene verbessern (nach Petermann, 1995; 1997).

Einige der hier genannten Funktionen von Supervision konnten im Rahmen eines mehrjährigen Modellversuchs empirisch bestätigt werden (Jugert, 1998). Über die allgemeinen Funktionen hinaus weisen verschiedene Autoren (nach Petermann, 1997) der Supervision noch *spezifische Aufgabenstellungen* zu:

- Wahrnehmen, verstehen und lösen von Problemen der SupervisandInnen (nach Weigand, 1995, S. 90),
- Praxisanleitung im Sinne von trainieren, informieren, klären, anleiten und helfen (vgl. Belardi, 1994, S. 108),
- Methode zur Weiterentwicklung einer Institution oder Organisation (vgl. Mutzeck, 1999),
- berufliches Handeln soll mit einem Experten reflektiert werden (Pallasch & Reimers, 1995),
- eine neue Form der Praxisbegleitung (Pallasch & Reimers, 1995),
- systematische Anregung und Anleitung zur Selbstreflexion und Selbstkontrolle (Pallasch, 1996) und
- PädagogInnen sollen ihre eigenen Fähigkeiten aktivieren und erweitern, das heißt berufspraktische Kompetenzen erwerben und verbessern (vgl. Mutzeck, 1999).

Für unsere Zwecke erweitern wir den Aufgabenkatalog um die folgende spezifische Aufgabe von Supervision: Eine neu erworbene berufliche Kompetenz wird in ihrer Anwendung überprüft und reflektiert, um die Weiterentwicklung der einzelnen MitarbeiterInnen und ihrer Institution zu fördern.

Während in der Therapieausbildung die Kontrolle der programmgemäßen Anwendung durch Supervision im Vordergrund steht (Hautzinger, 2000, S. 229ff.), ist es im vorliegenden Falle neben der (Selbst-) Kontrolle vor allem die Unterstützung und Bestätigung der AnwenderInnen. Selbst wenn man nicht so grundsätzlich wie Kanfer et al.(2000, S. 536), das Ziel von Supervision darin sieht, „den Ausbildungskandidaten zu beruflich bedeutsamen positiven *Verhaltensänderungen* zu motivieren," geht es in der Supervision, die die Anwendung einer beruflich bedeutsamen neuen Konzeption begleitet, zugleich auch um eine kognitive und Verhaltensänderung, die zu motivieren und zu verstärken ist.

Vielfach hat sich gezeigt, dass nach einer institutionsinternen Fortbildung die MitarbeiterInnen ein neues Konzept langfristig nur dann in ihr methodisches Repertoire übernahmen und die Institution es nur dann als Regelmaßnahme implementierte, wenn es zu einer durch Supervision begleiteten Praxisphase kam (Belardi, 1994; Mutzeck, 1999; Pallasch & Reimers, 1995). Hier wird die motivierende, unterstützende und aktivierende Funktion der Supervision besonders deutlich (vgl. auch Schlee & Mutzeck, 1996).

Von den verschiedenen Formen der Supervision kommt die Gruppensupervision, in der Fälle aus der Praxis vorgestellt und besprochen werden, am ehesten in Frage. Es wird später noch darauf eingegangen, inwiefern auch die kollegiale Supervision, ebenfalls eine Gruppensupervision mit Fallbesprechung jedoch ohne externe SupervisorIn, für eine Praxisbegleitung des Kompetenztrainings in Betracht gezogen werden kann.

Aus der Vielfalt der Supervisionsmodelle, die unterschiedlichen theoretischen Konzepten verpflichtet oder von ihnen abgeleitet sind, ein für die Praxisbegleitung des Kompetenztrainings geeignetes auszuwählen, ist nicht so schwer, wie es auf den ersten Blick scheint. Im Grunde kommt jedes Supervisionskonzept in Frage, das lösungsorientiert ist, und das trifft für die allermeisten Modelle zu (Jugert, 1998). Die Praxisbegleitung eines neuen Konzeptes soll den TrainerInnen nicht nur Erhellung bei der Analyse von Irritationen, Fehlern und Missverständnissen anbieten, sondern auch Hilfen bei der Lösung offener Fragen und anstehender Probleme.

Für sehr geeignet halten wir ein Supervisionsmodell, das sich ausdrücklich auf die sozial-kognitive Lerntheorie als theoretischen Rahmen beruft: Die kollegiale Supervision auf sozial-kognitiver Basis von Rotering-Steinberg (1985, 1995). Rotering-Steinberg führt aus, dass die Fallbesprechung in ihrem Konzept derart strukturiert ist, dass sowohl durch Modelllernen als auch durch direkte Unterweisung und aufgrund von Feedback aus der Gruppe kognitive Umstrukturierung und Verhaltensänderung stattfindet. Jedes Gruppenmitglied lernt nicht nur, wenn es selber einen Fall vorstellt, sondern auch „stellvertretend", wenn ein anderes Gruppenmitglied über seine Probleme berichtet. Durch die Feedbacks aus der Gruppe erhalten die Mitglieder Hinweise auf die Angemessenheit ihrer Handlungsweisen. Häufigere positive oder negative Reaktionen können die Selbstbewertungen und spezifischen Einstellungen ändern. Aus Selbstregulierungsprozessen resultieren unter anderem neue Selbstbewertungen und alternative Verhaltensweisen, die auch die Zufriedenheit mit sich selber beeinflussen (Rotering-Steinberg, 1995). Neben diesem lerntheoretischen Wirkungsmodell, das dem des vorliegenden Kompetenztrainings sehr nahe kommt, hat dieses Supervisionskonzept einen weiteren Vorteil: Es ist als eine kollegiale Supervision konzipiert und vielfach erprobt. Mit anderen Worten, nach einer relativ kurzen Phase der Anleitung und Einübung (sechs bis acht Sitzungen) vermag eine KollegInnengruppe den Leitfaden zur Kollegialen Supervision von Rotering-Steinberg auch eigenständig, ohne externe SupervisorIn, umzusetzen und Fallbesprechungen durchzuführen (Rotering-Steinberg, 1995). Daher haben wir dieses Modell (s. Kasten 29) hier vorgestellt.

Die klare Abfolge von Schritten in der Struktur der Fallbesprechung sieht einen Wechsel in den Aktivitäten der SupervisandIn und der Gruppe vor. In der *1. Phase* kann die SupervisandIn ungestört innerhalb einer bestimmten Zeit ihren Fall darstellen. Zum Schluss beschreibt sie, mit welchem Interesse sie das Problem in die Supervisionssitzung einbringt und was sie sich von der Besprechung in der KollegInnengruppe erhofft. In der *2. Phase* sind Nachfragen der Gruppenmitglieder zu den Daten der Falldarstellung erwünscht, nicht jedoch Fragen, die auf eine Analyse oder Lösung des Falles zielen. Die *3. Phase* sieht ein Brainstorming zu Hypothesen zur Erklärung des Interaktionsproblems vor; hier ist sehr genau auf die Einhaltung der Regeln zum Brainstorming zu achten. In der *4. Phase* haben die VerfasserInnen aus eigenen Erfahrungen mit dem Leitfaden den ersten Punkt ergänzt: Stellungnahme der Berichtenden zu den in der 3. Phase geäußerten Hypothesen zur Situationsanalyse. Das Fehlen dieser Komponente in dem Leitfaden von Rotering-Steinberg ist nach Überzeugung der VerfasserInnen ein Mangel (vgl. auch Hegeler, 1997, S. 60; Jugert, Tänzer, Verbeek & Wiest, 1997, S. 69). Der von der Autorin unter der 4. Phase genannte Punkt entfällt in den meisten Fällen.

In der *5. Phase* haben die Gruppenmitglieder die Hauptlast zu tragen, jedoch kann sich die SupervisandIn an diesem kollegialen Erfahrungsaustausch in freier Weise beteiligen. Die Vorschläge der Gruppenmitglieder werden von der SupervisandIn eingeschätzt, gewichtet und bewertet im Hinblick auf ihre persönliche Brauchbarkeit und Akzeptanz. In dieser Phase kann auch ein Handlungsvorschlag in Rollenspielform konkretisiert und ausprobiert werden.

Kasten 29:	Leitfaden zur Kollegialen Supervision nach Rotering-Steinberg (1995)
1. Phase: (5-10 Min.)	*Falldarstellung* Folgende Orientierungsdaten sollten über die ProblempartnerIn gegeben werden: • Alter, Geschlecht • Rahmenbedingungen/Institution • Dauer und Art der Beziehung • Interaktionsprobleme • Am Ende der Falldarstellung äußert die SupervisandIn: • Fragen, Wünsche, Gefühle, Klärungsabsichten
2. Phase: (2-3 Min.)	*Fragen der KollegInnengruppe zur Falldarstellung*
3. Phase: (5-10 Min.)	*Situationsanalyse, Hypothesenbildung (Brainstorming)*
4. Phase: (5-10 Min.)	*Stellungnahme der SupervisandIn zu den Hypothesen (3. Phase) Beschreibung und Begründung bereits realisierter oder beabsichtigter Handlungen* (einschließlich Konsequenzen)
5. Phase: (5-10 Min.)	*Kollegialer Erfahrungsaustausch, Formulierung von Handlungsalternativen* Gegebenenfalls Erprobung im Rollenspiel
6. Phase: (5 Min.)	*Rückmeldungen der Berichtenden und der Gruppe zur Fallbesprechung:* • Gefühle, Gedanken, Ideen, Bewertungen

In der *6. Phase* wird die Fallbesprechung von den Gruppenmitgliedern bewertet, indem sie ihre Gedanken, Ideen und Gefühle dazu äußern.

Eine Fallbesprechungsdauer von 45 bis 60 Minuten kann bei einer expertengeleiteten Supervision fast immer eingehalten werden. Kollegiale Supervisionsgruppen erreichen dasselbe nach einer gewissen Anleitung und Einübung (Fengler, 1997; Rotering-Steinberg, 1995).

Für die Berichte der SupervisandInnen über die weitere Entwicklung des einmal vorgestellten Falles hat Rotering-Steinberg (1995) einen zweiten Leitfaden vorgelegt, der sich ebenfalls in der Praxisbegleitung von Konzepteinführungen bewährt hat (siehe Kasten 30).

Kasten 30: Leitfaden für Entwicklung und Stand des Problems nach Rotering-Steinberg (1995)

(1) Wie hat sich das Problem bisher entwickelt?
(evtl. auch Angaben über Häufigkeit, Dauer u. Ä.)
(2) Wie sehen die Reaktionen der Umgebung aus? Welche Konsequenzen sind aufgetreten? (positive und negative)?
(3) Haben sich die Erwartungen erfüllt?
Sind weitere (Lern-)Schritte möglich oder nötig?
(4) Können die erarbeiteten Handlungsmöglichkeiten beibehalten werden? Müssen Veränderungen am Handlungsplan vorgenommen werden?
(5) Sind andere Personen beteiligt, die auch Verhaltensänderungen zeigen sollten? (Sie selbst, KollegInnen, Vorgesetzte usw.)

Weitere bisher nicht erwähnte Entwicklungen, Einzelheiten ...

Die *Reaktionen von TrainerInnen*, die nach der Fortbildung in dem Kompetenztraining an der Supervision nach dem beschriebenen Konzept teilgenommen haben, können, nach Schwerpunkten gruppiert, so wiedergegeben werden:

- „Ich hätte nie gedacht, dass man in so kurzer Zeit so vielfältige Sichtweisen und Handlungsmöglichkeiten zu einem Fall bekommt!"
- „Ursprünglich habe ich gedacht, nur ich hätte Probleme mit diesen Gruppen. Ich bin sehr erleichtert, dass es anderen auch so geht, und dass ich hier immer wieder Hinweise dafür bekomme, wie es doch geht."
- „Erst durch die ausführliche und ungestörte Besprechung meiner Fälle und anderer merke ich genauer, was im Training anders abläuft als im normalen Unterricht."
- „Durch die unterschiedlichen Perspektiven aller KollegInnen wird mir erst richtig klar, was die Trainingsmethoden bei den Jugendlichen bewirken. Das bestätigt mich total!"

Es empfiehlt sich, die erstmalige Durchführung des Förderungsprogramms - in der Regel vier bis sechs Monate - durch Supervision zu begleiten. Bewährt hat sich eine vierzehntägige Supervision von je zwei Stunden. Ideal ist der Einsatz der FortbildnerIn auch als SupervisorIn, da sie das Training kennt und auch fachlich am sichersten und kompetentesten reagieren kann.

Sollte es keine Möglichkeit geben, eine externe Supervision in Anspruch zu nehmen, wird an dieser Stelle auf die Möglichkeit der kollegialen Supervision verwiesen, die am Anfang des Abschnitts bereits erwähnt wurde. Rotering-Steinberg (1995) hat ein Selbsttrainingsmanual zur Etablierung einer kollegialen Supervision von Lehrpersonen entwickelt und erprobt (Rotering-Steinberg, 1983; 1995; 1996), das es erlaubt, sich in einigen Wochen die Kenntnisse und Fertigkeiten anzueignen, die nötig sind, um mit ihrem Leitfaden zur kollegialen Supervision zuverlässig und effizient zu arbeiten können.

3.5 Training im Kontext der Institution

Mehrere Dinge fallen auf, wenn man konzeptuelle Innovationen in Institutionen der Bildung und Ausbildung betrachtet. Wenn einzelne MitarbeiterInnen neue curriculare oder konzeptuelle Innovationen in ihre eigene Praxis zu integrieren versuchen, geben sie diese Neuerungen häufig nach einiger Zeit wieder auf oder praktizieren sie in einer verdünnten oder abgeschwächten Form.

Hatte sich das Reforminteresse im pädagogischen Bereich früher vornehmlich auf den Bereich Curriculumentwicklung und Reform des Unterrichts und der Ausbildung als Ganzes gerichtet, ist jetzt eine Hinwendung zur Entwicklung der Institution mit dem Schwerpunkt Entwicklung der Selbst- und Sozialkompetenz der MitarbeiterInnen zu beobachten (Bastian, 1997; Reimers, 2000).

Bei der Einführung des Trainingsprogramms sozialer Kompetenz für Jugendliche FIT FOR LIFE sollte sowohl der personale als auch der institutionelle Faktor beachtet werden (Verbeek & Petermann, 1999). Wenn beispielsweise die Leitung einer Institution die Absicht hat, das Kompetenztraining einzuführen oder zu erproben, beginnt der Einbettungsprozess des Programms mit der Information über das geplante Projekt an alle Mitglieder der Institution. Dies sollte nicht nur in schriftlicher Form geschehen, sondern möglichst auch durch Veranstaltungen, zu denen ExpertInnen eingeladen werden können, und auf denen die MitarbeiterInnen und andere Betroffene sich informieren, aber auch Bedenken, Zweifel und Einwände vorbringen können. Wenn es Gruppen außerhalb der Institution gibt, die an der Ausbildung der Jugendlichen ein Interesse haben, zum Beispiel Eltern, VertreterInnen von Ämtern, ArbeitgeberInnen, sollten diese ebenfalls ausführlich über das Vorhaben informiert werden.

Die Leitung und Mitarbeiterschaft sowie andere mitentscheidende Gremien der Institution beschließen die Erprobung des FIT FOR LIFE-Trainings. Von einer Planungsgruppe, an der alle relevanten Gruppen beteiligt sind, wird der Stundenumfang des Sozialtrainings für genau definierte Gruppen bzw. Altersklassen, die Evaluation und die personelle Ausstattung festgelegt. Die MitarbeiterInnen der Institution, die das Kompetenztraining durchführen, nehmen an der Fortbildung teil. Mit der Leitung der Institution sollte eine Entlastungsregelung für den Mehraufwand der MitarbeiterInnen durch Fortbildung, Extraplanungsaufwand und Supervision ausgehandelt werden.

Die MitarbeiterInnen, die sich nach der Fortbildung kompetent halten, führen in einer festgelegten Erprobungszeit (in der Regel vier bis sechs Monate einmal wöchentlich 90 Minuten) das Training durch und nehmen während dieser Zeit an einer vierzehntägig stattfindenden zweistündigen Supervision teil. Es wird nach Möglichkeit eine Evaluation des FIT FOR LIFE-Trainings durchgeführt (vgl. Kapitel 3.2.6).

Die Ergebnisse der Evaluation und die Erfahrungen mit Durchführung und Supervision des Kompetenztrainings werden von den TrainerInnen und der Leitung der Institution ausgewertet. Die Ergebnisse, Erfahrungen und Konsequenzen des Kompetenztrainings werden allen Gruppen und Gremien der Institution sowie externen InteressentInnengruppen wie zum Beispiel Eltern, ArbeitgeberInnen und Ämtern vorgestellt.

Damit sind die Voraussetzungen gegeben, dass das Beschlussorgan der Institution über die Implementierung des Kompetenztrainings entscheidet. Es ist wünschenswert für eine Institution, im Sinne einer Qualitätskontrolle und Qualitätssicherung, von Zeit zu Zeit erneut eine Evaluation des Kompetenztrainings durchzuführen und die TrainerInnen-Kompetenz der MitarbeiterInnen durch Fortbildung und Supervision aufzufrischen. Die Phasen der Implementierung des Trainings in eine Institution sind in Abbildung 9 dargestellt.

Ob das FIT FOR LIFE-Training die Hürden des Implementierungsprozesses in einer Institution oder in einem Projekt erfolgreich überwindet, liegt also sowohl an seiner Attraktivität und Effizienz als auch der Innovationsbereitschaft, Entschlossenheit und Umsicht der Leitung und der MitarbeiterInnen der Institution.

Abbildung 9: **Die Einbettung des FIT FOR LIFE-Trainings in die Institution**

Zeiträume:	SupervisorIn	FortbildnerIn	Beirat/ Aufsichtsrat/ Schulaufsicht	Eltern-vertretung	SchülerInnen-vertretung	Betriebsrat/ Personalrat	Leitung	MitarbeiterInnen/ Lehrkräfte	Jugendliche/ SchülerInnen	Betroffene/ Ebenen/ Gremien	Intervention / Aktivität
1 Monat										Absicht, FIT FOR LIFE einzuführen	
2 Monate										Information aller Ebenen	
1 Monat										Verbindlicher Beschluss	
2 Monate										Planung der Erprobung	
3-4 Monate										Fortbildung der MitarbeiterInnen/ Lehrkräfte	
6-10 Monate										Durchführung; begleitend Supervision für die MitarbeiterInnen/ Lehrkräfte; Evaluation FIT FOR LIFE	
2 Monate										Information über Effekte und eventuelle Nebeneffekte	
3 Monate										Beschluss der zuständigen Ebenen/ Gremien über Implementation	
Alle 2 Jahren										Qualitätskontrolle, Qualitätssicherung des FIT FOR LIFE-Trainings: Regelmäßige Evaluationen von Effekten und Nebeneffekten, Supervision und Fortbildung	

Verzeichnis der Kästen, Abbildungen und Tabellen

Kästen

Abbildungen

Tabellen

Literatur

Asendorpf, J. B. (1998). Die Entwicklung sozialer Motive und Verhaltensweisen. In F. E. Weinert (Hrsg.), *Entwicklung im Grundschulalter* (S. 155-176). Weinheim: Psychologie Verlags Union.

Aßauer, M. & Hanewinkel, R. (2000). Lebenskompetenztraining für Erst- und Zweitklässler: Ergebnisse einer Interventionsstudie. *Kindheit und Entwicklung, 9,* 253-263.

Bandura, A. (1986). *Social foundation of thougt and actions: A social cognitive theory.* Englewood Cliffs: Prentice Hall.

Bandura, A. (1994). *Self efficacy. The exercise of control.* New York: Freeman.

Bartels, R. & Gathen, B. (2000). *Ein Training des Arbeits- und Sozialverhaltens mit zwei neunten Hauptschulklassen im ländlichen Raum - Evaluation und Modifikation eines außerschulischen Förderprogrammes in zwei Hauptschulklassen.* Bremen: Unveröffentlichte Diplomarbeit.

Bastian, J. (1997). Pädagogische Schulentwicklung. Von der Unterrichtsreform zur Entwicklung der Einzelschule. *Pädagogik, 2,* 6 - 11.

Bauer, M. (1999). *Modellierungsmethoden in der Verhaltenstherapie.* Regensburg: Roderer.

Belardi, N. (1994). Supervision in den USA - heute. *Organisationsberatung, Supervision, Clinical Management, 1,* 107 - 121.

Bloomquist, M. L. (1996). *Skillstrainings for children with behavior disorders. A parent and therapist guidebook.* New York: Guilford.

Bortz, J. & Döring, N. (1995). *Forschungsmethoden und Evaluation.* Berlin: Springer, 2. vollständig überarbeitete Auflage.

Bühl, A. & Zöfel, P. (2000). *SPSS Version 10. Einführung in die moderne Datenanalyse unter Windows.* München: Addison-Wesley.

Caldarella, P. & Merrell, K. W. (1997). Common dimensions of social skills of children and adolescents: A taxonomy of positive behaviors. *School Psychology Review, 26,* 265-279.

Cartledge, G. & Milburn, J. F. (1995). *Teaching social skills to children and youth: Innovative approaches* (3rd ed.). Needham Heights, MA: Allyn & Bacon.

Comer, R. (1995). *Klinische Psychologie.* Heidelberg: Spektrum.

Crick, N. R. & Dodge, K. A. (1994). A review and reformulation of social information-processing mechanisms in children's social adjustment. *Psychological Bulletin, 115,* 74-101.

Decker, F. (1988). *Gruppen moderieren - eine Hexerei?: die neue Teamarbeit; ein Leitfaden für Moderatoren zur Entwicklung und Förderung von Kleingruppen.* München: Lexika.

Dodge, A. (1993). Social-cognitive mechanisms in the development of conduct disorder and depression. *Annual Review of Psychology, 44,* 559-584.

Döpfner, M. (1989). Soziale Informationsverarbeitung - ein Beitrag zur Differenzierung sozialer Inkompetenzen. *Zeitschrift für Pädagogische Psychologie, 1*, 1-8.

Döpfner, M., Lehmkuhl, G., Petermann, F. & Scheithauer, H. (2000). Diagnostik psychischer Störungen. In F. Petermann (Hrsg.), *Lehrbuch der Klinischen Kinderpsychologie und -psychotherapie* (S. 95-130). Göttingen: Hogrefe, 4., völlig veränderte Auflage.

Döpfner, M., Rey, E.-R. & Schlüter, S. (1981). Evaluation eines sozialen Kompetenztrainings für selbstunsichere Kinder im Alter von neun bis zwölf Jahren - Ein Therapievergleich. *Zeitschrift für Kinder und Jugendpsychologie, 9*, 233-252.

Durlak, J. A. (1997). Primary prevention programs in schools. In T. H. Ollendick & R. J. Prinz (Eds.), *Advances in clincal child psychology*. Vol. 19 (pp. 283-318). New York: Plenum.

Eisenberg, N. & Harris, J. D. (1984). Social competence: A developmental perspective. *School Psychology Review, 13*, 267-277.

Feldhege, F.-J. & Krauthan, G. (1979). *Verhaltenstrainingsprogramm zum Aufbau sozialer Kompetenz*. Berlin: Springer.

Fengler, J. (1997). Supervision - Die Gruppe als Katalysator beruflicher und persönlicher Entwicklung. In G. Jugert (Hrsg.), *Pädagogische Supervision. Theorie und Praxis* (S. 19-40). Bremen: Wissenschaftliches Institut für Schulpraxis.

Fengler, J. (1998). *Feedback geben. Strategien und Übungen*. Weinheim: Beltz.

Finnie, B. & Menke, M. (1999). *Das soziale und berufsvorbereitende Training Fit For Life in der Hauptschule - Durchführung an zwei Bremer Hauptschulen, Evaluation und Modifikation*. Bremen: Unveröffentlichte Diplomarbeit.

Fydrich, T & Bürgener, F. (1999). Ratingskalen für soziale Kompetenz. In J. Margraf & K. Rudolf (Hrsg.), *Soziale Kompetenz. Soziale Phobie* (S. 81-96). Baltmannsweiler: Schneider-Verlag Hohengehren, 2. vollständig überarbeitete Auflage.

Gambrill, E. (1995). Assertion skills training. In W. O'Donohue & L. Krasner (Eds.), *Handbook of social skills training* (S. 81-118). Boston: Allyn & Bacon.

Goldstein, A. P., Glick, P., Irwin, M. J., Rubama, I. & Pask, C. (1989). *Reducing delinquency: Intervention in the community*. New York: Pergamon.

Goldstein, A. P., Reagles, K. W. & Amann, L. L. (1992). *Refused skills: Preventing drug use in adolescents*. Champaign: Research Press.

Grell, J. & Grell, M. (1999). *Unterrichtsrezepte*. Weinheim: Beltz, 2. Auflage.

Großmann, CH. (1996). *Projekt: Soziales Lernen*. Mühlheim: Verlag an der Ruhr.

Günther; U. & Sperber, W. (1995). *Handbuch für Kommunikations- und Verhaltenstrainer: Psychologische und organisatorische Durchführung von Trainingsseminaren*. München; Basel: E. Reinhardt, 2. Auflage.

Hager, W., Patry, J.L. & Brezing, H. (2000). *Evaluation psychologischer Interventionsmassnahmen*. Bern: Huber.

Hanewinkel, R., Burow, F., Böttcher, M., Petermann, U. & Ferstl, R. (1993). Training sozialer Kompetenzen in der Schule im Rahmen der Kampagne „Rauchfreie Schule" - Ein erster Erfahrungsbericht. *Kindheit und Entwicklung, 2*, 256-259.

Hanewinkel, R., Petermann, U., Burow, F., Dunkel, A. & Ferstl, R. (1994). Förderung der Lebenskompetenzen von Kinder und Jugendlichen im Rahmen der Kampagne „Rauchfreie Schule". *Kindheit und Entwicklung, 3*, 112-116.

Harter, S. (1988). *Manual: Self-perception Profile for Adolescents*. Denver: University of Denver.

Hautzinger, M. (2000). *Kognitive Verhaltenstherapie bei Depressionen*. Weinheim: Psychologie Verlags Union. 5., vollst. überarb. Auflage.

Havighurst, R. J. (1982). *Developmental tasks and education* (1st ed. 1948). New York: Longman.

Hegeler, P. (1997). Verhaltenstherapeutische Supervision. In G. Jugert (Hrsg.), *Pädagogische Supervision. Theorie und Praxis* (S. 55-62). Bremen: Wissenschaftliches Institut für Schulpraxis.

Hersen, M., Eisler, R. M. & Miller, P. M. (1973). Development of assertive responses: Clinical, measurement, and research considerations. *Behavior Research and Therapy, 11*, 505-521.

Hurrelmann, K. (1999). *Lebensphase Jugend.: Eine Einführung in die sozialwissenschaftliche Jugendforschung*. Weinheim: Juventa, 6. Auflage.

Hurrelmann, K. & Settertobulte, W. (2000). Prävention und Gesundheitsförderung. In F. Petermann (Hrsg.), *Lehrbuch der Klinischen Kinderpsychologie und -psychotherapie* (S. 131-148). Göttingen: Hogrefe, 4., vollständig überarbeitete und erweiterte Auflage.

Jacobson, E. (1990). *Entspannung als Therapie. Progressive Relaxation in Theorie und Praxis*. München: Pfeiffer.

Joffe, R.D., Dobson, K.S., Fine, S., Marriage, K. & Halay, G. (1990). Social problem-solving in depressed, conduct disordered, and normal adolescents. *Journal of Abnormal Child Psychology, 18*, 565-575.

Jugert, G. (1998). *Zur Effektivität pädagogischer Supervision*. Frankfurt: Lang.

Jugert, G., Haber, F., Holsten, U. & Petermann, F. (1999). Kompetenztraining für benachteiligte Jugendliche. Ein Pilotprojekt. *Kind-Jugend-Gesellschaft, 44*, 84-89.

Jugert, G., Kreutz, D., Rehder, A. & Petermann, F. (1999). Fit for life. Kompetenztraining für benachteiligte Jugendliche. *Neue Caritas, 100*, 20-23.

Jugert, G., Rehder, A., Notz, P. & Petermann, F. (2000). *Odysseus FIT FOR LIFE - Berufsbezogene Verhaltensförderung sozial benachteiligter Jugendlicher*. Bremen: Zentrum für Rehabilitationsforschung.

Jugert, G., Rehder, A., Notz, P. & Petermann, F. (2001). *FIT FOR LIFE. Module und Arbeitsblätter zum Training sozialer Kompetenz für Jugendliche*. Weinheim: Juventa.

Jugert, G., Scheithauer, H., Notz, P. & Petermann, F. (2000). Geschlechterunterschiede im Bullying: Indirekt-/relational- und offen-aggressives Verhalten unter Jugendlichen. *Kindheit und Entwicklung, 9*, 231-240.

Jugert, G., Tänzer, U., Verbeek, D. & Wiest, U. (1997). Schulinterne Supervision. Das Bremer Modell. Ziele, Formen und Ergebnisse. In G. Jugert (Hrsg.), *Pädagogische Supervision. Theorie und Praxis* (S. 67-75). Bremen: Wissenschaftliches Institut für Schulpraxis.

Kanfer, F. H., Reinecker, H. & Schmelzer, D. (2000). *Selbstmanagement Therapie*. Berlin: Springer, 3. Auflage.

Klippert, H. (1999). *Methodentraining*. Weinheim: Belz, 10. Auflage.

Knapczyk, D. R. & Rodes, P. (1996). *Teaching social competence: A practical approach for improving social skills in student at-risk.* Pacific Grove: Brooks/Cole.

Knoll, J. (1997). *Kleingruppenmethoden: effektive Arbeit in Kursen, Seminaren, Trainings und Tagungen.* Weinheim: Beltz, 2., überarbeitete Auflage.

Kuschel, A., Miller, Y., Köppe, E., Lübke, A., Hahlweg, K. & Sanders, M. (2000). Prävention von oppositionellen und aggressiven Verhaltensstörungen bei Kindern: Triple P - ein Programm zu einer positiven Erziehung. *Kindheit und Entwicklung, 9,* 20-29.

Lauth, G. (1983). *Verhaltensstörungen im Kindesalter.* Stuttgart: Kohlhammer.

Linehan, M. (1996). *Trainingsmanual zur dialektisch-behavioralen Therapie der Borderline-Persönlichkeitsstörung.* München: CIP-Medien.

Loeber, R. & Farrington, D. P. (1998) (Eds.), *Serious and violent juvenile offenders: Risk factors and successful interventions.* Thousand Oaks: Sage.

McFall, R. M. & Dodge, K. A. (1982). Self-managemet and interpersonal learning. In P. Karoly & F. H. Kanfer (Eds.), *Selfmanagement and behavior change* (pp. 353-392). New York: Pergamon.

Meichenbaum, D. (1991). *Intervention bei Stress.* Bern: Huber.

Meier, U. & Tillmann, K.-J. (1995). *Gewalt in der Schule. Die Perspektive der Schulleiter. Sonderforschungsbereich „Prävention und Intervention".* Universität Bielefeld.

Merrell, K. W. & Gimpel, G. A. (1998). *Social skills of children and adolescents: conceptualization, assessment, treatment.* New Jersey: Erlbaum.

Mischel, W. (1971). *Introduction to personality.* New York: Holt, Rinehart & Winston.

Monka, M. & Voss, W. (1999). *Statistik am PC. Lösungen mit Excel.* München: Hanser, 2. vollständige überarbeitete Auflage.

Mutzeck, W. (1999). *Kooperative Beratung.* Weinheim: Beltz, überarb. Neuausgabe der 2. Auflage 1997.

Niebank, K. & Petermann, F. (2000). Grundlagen und Ergebnisse der Entwicklungspsychopathologie. In F. Petermann (Hrsg.), *Lehrbuch der Klinischen Kinderpsychologie und -psychotherapie* (S. 57-94). Göttingen: Hogrefe, 4., vollständig überarbeitete und erweiterte Auflage.

Oerter, R. & Dreher, E. (1998). Jugendalter. In Oerter, R. & Montada, L. (Hrsg.), *Entwicklungspsychologie.* Weinheim: Psychologie Verlags Union, 4. korrigierte Auflage.

Oerter, R. & Montada, L. (Hrsg.) (1998). *Entwicklungspsychologie.* Weinheim: Psychologie Verlags Union, 4. korrigierte Auflage.

Olweus, D. (1996). *Gewalt in der Schule. Was Lehrer und Eltern wissen sollten - und tun können.* Bern: Huber, 2. korrigierte Auflage.

Paivio, A. (1986). *Mental representations: A dual coding approach.* New York: Oxford University Press.

Pallasch, W. (1996). Unterrichtliche Supervision. In W. Pallasch, W. Mutzeck & H. Reimers (Hrsg.), *Beratung - Training - Supervision. Eine Bestandsaufnahme über Konzepte zum Erwerb von Handlungskompetenz in pädagogischen Arbeitsfeldern.* Weinheim: Juventa. 2. Auflage.

Pallasch, W. & Reimers, H. (1995). Pädagogische Supervision. Das Kieler Konzept zur unterrichtlichen Supervision. In F. Petermann (Hrsg.), *Pädagogische Supervision* (S. 24-52). Salzburg: Müller.

Petermann, F. (Hrsg.) (1995). *Pädagogische Supervision.* Salzburg: Otto Müller.

Petermann, F. (1996). *Psychologie des Vertrauens.* Göttingen: Hogrefe, 3., veränderte Auflage.

Petermann, F. (1997). Pädagogische Supervision: Ziele, Funktionen, Formen und Erwartungen. In G. Jugert (Hrsg.), *Pädagogische Supervision. Theorie und Praxis* (S. 10-18). Bremen: Wissenschaftliches Institut für Schulpraxis.

Petermann, F. (Hrsg.) (2000). *Lehrbuch der Klinischen Kinderpsychologie und -psychotherapie.* Göttingen: Hogrefe, 4., vollständig überarbeitete und erweiterte Auflage.

Petermann, F., Jugert, G., Rehder, A., Tänzer, U. & Verbeek, D. (1999). *Sozialtraining in der Schule.* Weinheim: Psychologie Verlags Union, 2., überarbeitete Auflage.

Petermann, F. & Petermann, U. (2000a). *Training mit Jugendlichen.* Göttingen: Hogrefe, 6., veränderte Auflage.

Petermann, F. & Petermann, U. (2000b). *Training mit sozial unsicheren Kindern.* Weinheim: Psychologie Verlags Union, 7., völlig veränderte Auflage.

Petermann, F. & Petermann, U. (2000c). *Aggressionsdiagnostik.* Göttingen: Hogrefe.

Petermann, F. & Petermann, U. (2000d). *Training mit aggressiven Kindern.* Weinheim: Psychologie Verlags Union, 9., überarbeitete Auflage.

Petermann, F. & Warschburger, P. (1997). Verhaltenstherapie mit aggressiven Kindern und Jugendlichen. In F. Petermann (Hrsg.), *Kinderverhaltenstherapie* (S. 127-153). Baltmannsweiler: Röttger, 2. erweiterte Auflage.

Petermann, U., Essau, C. A. & Petermann, F. (2000). Angststörungen. In F. Petermann (Hrsg.), *Lehrbuch der Klinischen Kinderpsychologie und -psychotherapie* (S. 227-270). Göttingen: Hogrefe, 4., vollständig überarbeitete und erweiterte Auflage.

Pfingsten, U. & Hinsch, R. (1998). *Gruppentraining sozialer Kompetenzen (GSK).* Weinheim: Psychologie Verlags Union, 3. Auflage.

Piaget, J., Inhelder, B. (1955). *La genèse de l'idée de l'enfant à la logique de l'adolescent.* Paris: Presses Universitaires de France. (Kapitel 11).

Pielmaier, H. (Hrsg.) (1980). *Training sozialer Verhaltensweisen. Ein Programm für die Arbeit mit dissozialen Jugendlichen.* München: Kösel.

Proudfoot, J., Guest, D., Carlson, J., Dunn, G. & Gray, J. (1997). Effect of cognitive-behavioural training on job-finding among long-term unemployed people. *Lancet, 350,* 96-100.

Reimers, H. (2000). Sich begleiten lassen - Supervision zur Unterstützung von Schulentwicklungsprozessen. In U. Hameyer, W. Fleischer-Bickmann & H. Reimers (Hrsg.), *Schulprogramme. Porträts ihrer Entwicklung* (S. 243-263). Kronshagen: Körner.

Rotering-Steinberg, S. (1983). *Anleitungen zum Selbsttraining für Lehrergruppen. Entwicklung und Evaluation eines Programms zur Kommunikation, Praxisberatung und Selbstkontrolle.* Weinheim: Beltz.

Rotering-Steinberg, S. (1985). Kollegiale Supervision zur Unterstützung und Bewältigung des Berufsalltags. In S. Rotering-Steinberg, B. Sieland & D. Wahl, *Pädagogisch-psychologische Grundlagen für das Lernen in Gruppen. Studienbrief 2: Kooperation zwischen Lehrern* (S. 54-100). Tübingen: Deutsches Institut für Fernstudien.

Rotering-Steinberg, S. (1995). Kollegiale Supervision oder Kollegiales Coaching. In F. Petermann (Hrsg.). *Pädagogische Supervision* (S. 53-67). Salzburg: Otto Müller.

Rotering-Steinberg, S. (1996). Kollegiale Supervision in informellen Gruppen für Pädagoginnen und Pädagogen. In J. Schlee & W. Mutzeck (Hrsg.), *Kollegiale Supervision. Modelle zur Selbsthilfe für Lehrerinnen und Lehrer* (S. 100-125). Heidelberg: Schindele.

Scheithauer, H. & Petermann, F. (2000). Aggression. In F. Petermann (Hrsg.), *Lehrbuch der Klinischen Kinderpsychologie und -psychotherapie* (S. 187-226). Göttingen: Hogrefe, 4., vollständig überarbeitete und erweiterte Auflage.

Schlee, J. & Mutzeck, W. (1996). Supervision für Lehrerinnen und Lehrer. In J. Schlee & W. Mutzeck (Hrsg.), *Kollegiale Supervision. Modelle zur Selbsthilfe für Lehrerinnen und Lehrer* (S. 9-22). Heidelberg: Schindele.

Schneider, B. H., Attili, G., Nadel, J. & Weissberg, R. P. (Eds.) (1989). *Social competence in developmental pespective*. Dordrecht: Kluwer.

Schönig, G. (1990). *Schulinterne Lehrerfortbildung als Beitrag zur Schulentwicklung*. Freiburg: Lambertus.

Schwarzer, R. (1987). *Stress, Angst und Hilflosigkeit*. Stuttgart: Kohlhammer, 2. Auflage.

Seligman, M. E. (1986). *Erlernte Hilflosigkeit*. München: Psychologie Verlags Union, 3., mit einem Nachwort versehene Auflage.

Senatsverwaltung für Schule, Jugend und Sport Berlin (1998). *Mädchen sind besser - Jungen auch*. Berlin: Paetex, Gesellschaft für Bildung und Technik.

Sicbert, H. (2000). *Didaktisches Handeln in der Erwachsenenbildung*. Neuwied: Luchterhand, 3. Auflage.

Specht, M. K. I. & Petermann, F. (1999). Der Einsatz des Rollenspiels im Training sozial ängstlicher Kinder. *Kindheit und Entwicklung, 8*, 218-225.

Stavemann, H. H. (1999). *Emotionale Turbulenzen*. Weinheim: Psychologie Verlags Union, 2. überarbeitete Auflage.

Steyer, R., Eid, M. & Schwenkmezger, P. (1997). Modeling True Intraindividual Change: True Change as a Latent Variable. *Methods of Psychological Research Online, Vol. 2, No. 1*. Papst Science Publishers. Internet: http://www.pabst-publishers.de/mpr/.

Steyer, R., Hannöver, W., Telser, C. & Kriebel, R. (1997). Zur Evaluation intraindividueller Veränderung. *Zeitschrift für Klinische Psychologie, 26*, 291-299.

Sturm, W. & Zimmermann, P. (2000). Aufmerksamkeitstörungen. In W. Sturm, M. Herrmann & C.-W. Wallesch (Hrsg.), Lehrbuch der klinischen Neuropsychologie (S. 345-365). Lisse: Swets & Zeitlinger.

Vaitl, D. & Petermann, F. (Hrsg.) (2000). *Handbuch der Entspannungsverfahren*. Band 1. Weinheim: Psychologie Verlags Union, 2. erweiterte Auflage.

Verbeek, D. & Petermann, F. (1999). Gewaltprävention in der Schule: Ein Überblick. *Zeitschrift für Gesundheitspsychologie, 7*, 133-146.

Weigand, W. (1995). Die Deutsche Gesellschaft für Supervision. Perspektiven und Ziele des Berufsverbandes. *Organisationsberatung, Supervision, Clinical Management, 2*, 89-91.

Wolpe, J. (1958). *Psychotherapy by reciprocal inhibition*. Stanford: Stanford University Press.

Wottawa, H. & Thierau, H. (1998). *Lehrbuch Evaluation*. Göttingen: Huber, 2. vollständig überarbeitete Auflage.